WORLD CHINESE WRITER

世界华人作家

作品（第1辑）

新疆美术摄影出版社
新疆电子音像出版社

图书在版编目(CIP)数据

世界华人作家作品 / 于文胜主编. -- 乌鲁木齐 : 新疆美术摄影出版社 : 新疆电子音像出版社, 2013.4
ISBN 978-7-5469-3919-3

Ⅰ. ①世… Ⅱ. ①于… Ⅲ. ①世界文学 - 现代文学 - 作品综合集 Ⅳ. ①I11

中国版本图书馆 CIP 数据核字(2013)第 075605 号

责任编辑:武夫安
封面设计:党　红

世界华人作家作品(第一辑)

主编:于文胜

出　　版	新疆美术摄影出版社 新疆电子音像出版社
地　　址	乌鲁木齐市经济技术开发区科技园路 7 号
邮　　编	830011
发　　行	新疆新华书店
印　　刷	新疆新华华龙印务有限责任公司
开　　本	787 毫米×1092 毫米　1/16
印　　张	10
字　　数	200 千字
版　　次	2013 年 4 月第 1 版
印　　次	2013 年 4 月第 1 次印刷
书　　号	ISBN 978-7-5469-3919-3
定　　价	29.80 元

目 录

暴 雨

董立勃

一

故事开始于那年夏天的前一个夏天。

这个夏天没有暴雨，真正的旱季，只落过几次毛毛雨，连地皮也不曾湿透。这里是西部，与南方北方都不同，缺乏雨水是它的一个重要的气候特征。所以这个夏天特别干燥。几乎没有下过雨，没有谁觉得有什么不正常。

技术员和技术员的老婆就是在这个夏天来到了我们故事中的下野地。

是马车夫去把技术员和技术员的老婆接来的。让他成为营地三百人中最先和他们接触并且相识的人，其中的因素既简单又带有偶然性。

首先因为他喂养着由战马变为耕马的马群，并且还有着高超的驾驶马车的技术，再一个原因是他经历过各种危险环境，有勇有谋，还有一手百发百中的好枪法。

是队长让他去接技术员的。由骑兵连长变成垦荒队的头儿，面对着被烈日晒焦的庄稼苗，几乎把技术员的到来当作救星降临，所以他考虑让谁去接技术员时，很认真地把手下的人想了一遍。想来想去觉得还是让马车夫去最合适。他是个年纪并不大的老兵。队长的记忆中，交给他的任务，没有完不成的。

队长把他喊来，给他说，这是个很重要的任务。他问有多重要。队长说，你就是把命丢了，也不能让他少一根汗毛。他问是什么人这么重要。队长说是个我们都比不上的人。

队长把任务看得很重，他却并没有太当回事。不是他工作不认真。是他觉得这个事情实在是个很平常的事。去接技术员对他来说不过是去执行一次任务罢了，和曾经执行并出色完成过的上百次任务没有什么不同。战争年代那些随时都会掉脑袋的任务，他都没有闪失过。这和平岁月了，把一个人从一个地方用马车接过来，真的不算个什么事儿。

二

不动声色地帮助技术员把行李和书箱装上马车，他看见技术员旁边站了一个女人，技术员不时回过头和女人说着什么。说的是南方方言，他听不清说的什么，或者说他就没有听到他们说什么。和自己没有关系的事他向来没什么兴趣。

技术员的东西全装到了车上。他让技术员上车。技术员没有马上跳上车。他让那个女人上。还伸出手，拉住了那个女人。看得出，技术员是想帮着女人上到马车上。

他一直在一边看着。看到了技术员要把那个女人带上车。他说话了，指着那个女人对技术员说，你上，她不能上。

他这样做，决不是对那个女人抱有敌意，甚至连一点成见也没有，毫不夸张地说他连她长得什么样子都还没有看清呢。他这样做只是因为在他接受的队长的命令里，只说把技术员和他的东西接到开荒队。队长从来说没有到还有一个女人要一块接来。他又重新想了一遍，肯定了队长没有说过有个女人，他决定不让这个女人上车。

技术员和那个女人都愣了，两个人都抬起头去看他。想着他是不是在开什么玩笑。可他的那个样子很严肃，一点开玩笑的意思也没有。女人看看技术员又看看他，一脸的不明白和委屈。

技术员对他说，她是我的爱人。

他正在整理马缰绳，好像没有听到技术员的话。见他对这句话没有反应，技术员又说，她是我的妻子。

他已经整理好了马缰绳，抬起了头，不过他没有看技术员和那个女人。技术员有点急了，技术员说，她是我的老婆。

听到了这句话，他把脸转过去，看了一下技术员和那个女人。好像这一看，就能看出这女人是不是技术员的老婆似的。

技术员说，他真的是我的老婆。不信，我拿结婚证给你看。

结婚证在箱子，技术员弯下腰，要去开箱子。

他这才说，不用看了，上车吧。说着，转过身一跃跳上马车的辕干。

尽管他还没有娶老婆，不过还是明白老婆的含意是什么。如果她是技术员的老婆，那么她就是技术员的东西，像技术员的行李卷书箱子一样，接技术员连同技术员的老婆一块接上，既合乎情理又不违犯命令。

后来，他和技术员还有她极熟以后，三个人时常回忆起上面那个场面。她说他的样子好严肃好凶狠，吓得她一下子不知该说什么了。他和技术员听着就一起笑了。见他笑了，她又说当时想着这个赶马车的肯定永远不会笑。技术员说其实他这人笑起来的样子充满了纯朴的憨厚。

她说，不过他不笑比笑着好看。

三

后来，他和技术员两口子成了熟人。不过，如果以为他和技术员两口子这么熟悉是因为他去接了他们，那就多少有些错了。

其实那近一百里的没有路的行程，并没有使他和他们有所接近，更别说亲近了。

没有村庄没有炊烟没有人迹没有美丽风景的大戈壁，本来会使同乘一辆马车的人出于本能相互依靠，而马车夫和乘客更是极容易就热乎起来。

但那天的情况似乎有些特别。

唯一的两个乘客还是一对夫妇，并且是一对年轻的极有可能是新婚不久的夫妇。他们一坐上马车就紧紧地靠在一起。女的像没有骨头似的瘫软在技术员的腿上怀里。技术员也很温柔，像抱孩子似的，用胳膊围抱着她圆圆的双肩。

他没有回头，可是他看到了身后技术员和她亲热的动作。于是他也不明白为什么，在马儿走得好好的情况下狠狠抽了马儿一鞭子，让马车在灰青色的鹅卵石上跳起来。他听到女人尖锐的叫声却并不理会。

倒是他们说的话，尽管每一句他都听到了，却并不能每句都听得明白，不过他还是听出了他们说的大概意思，好像那女人和技术员生在同一个村庄，村旁有一条小河，河里漂起过死人和绣花鞋什么的。女人似乎还说，技术员去上学了，她就站在河边等他回来，常常等着等着就流下了泪。

不过更多的话是谈论马车驶过的各种各样的风景，比如说胡杨林、风蚀的土丘、黄羊群以及洒满彩色碎石的戈壁滩。女人不时发出一声惊呼，女人一惊呼，技术员就赶去解释一些地貌生成的原因。许多的说法，连他这个老戈壁也是头一次听说。听着听着，他好像多少有点明白了队长为什么要让他来接他们，并且再三强调这次任务的重要性。

这样一来，他们确实也没有必要和马车夫说什么了。本来他还想等技术员有什么说不明白的，他再告诉他们。不过，快走到开荒队了，技术员也没有给他这个机会。

可以看到飘在队部门口的那个旗子了。远远的一个红点在闪。立这个旗子，一是代表这个地方已被开荒的人占领。打仗时，每占领一个阵地一个山头，都要先插上一面旗子。不是这个习惯一时丢不了，而是有了这个旗子，有个最大的好处，那就是不会让大家迷路。荒野上好多地方没有路。走着走着就糊涂了。有了这个旗子，离老远就能看见。有好些人，都是迷了路后，看到了这个旗子，又重新回到了营地，回到了家。

看到了旗子，技术员问他，是不是马上就要到了。他说，是的。接着，技术员又主动问了他一些别的事情，主要是关于开荒生产方面的，这些问话，他认为不过是技术员出于礼貌，怕冷落了他，使他不高兴，故意没话找话说的，所以他的回话极简短极冷淡。

看他并不想和自己多说话。技术员就不和他说了。不和他说话，技术员不寂寞。那个女人，总是会不断地找出话来，和技术员说。她说话的声音不大，软软的。让他不由得想到荒野里流淌的渠水。

路上既没有遇到狼群也没有遇到土匪，什么事都没有发生，平淡到连他都觉得单调乏味，尽管是一路很顺利地回到了营地，得到了队长的表扬。可他内心深处没有一点高兴。自然把这次任务列入到了极没有意思的一类里。

技术员一来，大家马上就知道了。开荒队不大，很难有个什么事大家不知道。只要有个事，不管大事小事，大家全都很关心。不过，好多人在说到技术员到来的这个事上，更多的话并不在技术员身上，倒是好像更注意技术员的老婆。知道技术员住在哪一排房子，就老有人往那里跑。要是正好碰到女人从屋子里出来做什么事，就会从某个角度去看。只是角度不同，看到的部位不同。到了一起，说起女人的样子，还是说不完全。

恰好他从远处走过来，就大声喊住他，说有事要问他。全是一块打过仗的兄弟，就算他再不爱说话，他也不能不走过去，和他们在一起站一会儿，随便闲扯点什么。

那女人奶子很大，她是不是很漂亮啊？

不知道。

那女人的腰很细，是不是没有人可以比得上啊？

不知道。

那女人的屁股很圆，是不是让人做梦都会去想啊？

不知道。

别人就有些火了，说，你把他们拉来，一块在路上走了一天，什么没有看到，什么没有看清。却一个劲说不知道。什么意思。装正经也不找个地方，真是太可笑了。

大家不理他了，都走了，把他晾在那里。

他没有马上走。在想大家说他的话。不是生大家的气。是在想那个女人是不是真的像别人说的那样。

想来想去，技术员的样子还能想起一点点，瘦瘦巴巴的，脸上还戴了两个玻璃片。可再想那个女人的样子，真的是一点点儿也想不起来了。

不过，他打算再有机会见到她，一定要看看她究竟长得是什么样子。

应该说这只是一个很随便的想法，没有一点用意，所以对有没有这个机会，或者是早晚会不会有这个机会，他都无所谓。如果他真是存了什么心，想要见她，他可以随便找到机会。

说起来难以让人相信，但确实是真的。这个夏天过去了，他没有见过她。从把他接来以后再也没有见过她。她很少出门，没有下地干活。队长对她说了，你不用下地干活，你在家里把技术员照顾好了，就是工作，就是对开荒事业最大的贡献。

技术员倒是常常见，他一来就成了重要人物。差不多和队长一样重要了。队长走到什么地方，身边都会跟着技术员。检查工作。检查到马号，技术员像老熟人似的和他打招呼，让他到家里去玩。他虽然点头答应着，可等技术员一走，那些话，就像没有听到一样，不在心里留下一点痕迹。

不知凭什么，他有一种直觉，他认为他和技术员不会成为真正的好朋友。他没有把这种感觉告诉过别人。

就是在谁都认为他们是好朋友并且是最好的朋友的日子里，他的这种直觉也没有完全消失。

但感觉有时也会错。

他的感觉究竟是对还是错呢？连这故事本身似乎都难以说得清。

四

再次见到技术员的女人是秋天快要结束的时候。

这次机会还是队长提供的，他接受了给技术员家送一车柴禾的任务。别人家的柴禾，要自己去戈壁上去打。打下的柴禾自己背回来。可技术员和别人不一样。技术员只有一个，他不能和别人一样。队长说什么都要给技术员在各方面安排好，让他不用操别的闲心，可以把全部精力放在工作上。

这样一个任务并不难完成。赶着马车不用走多远。就是一个野生的红柳林。遍地都是干枯了不知多少年的柴禾。你只要弯下腰把它们从地上拾起来放到马车上就行了。

马车上的柴禾堆得像个小山。小山被四匹马拉着，一直拉到了技术员家门口。马车停下来。他抓过一根绳子，使劲一拉，把小山从马车上拉到地上。小山摔倒时，发出一声响。正在屋子里做着别的事的女人，听到了，赶紧出来看。看到了他，女人叫了一声。她没有想到会是接她来到开荒队的马车夫，这让她有点惊喜。她让他赶紧进屋喝杯茶。他说他不渴。女人说，拉了这么大车柴禾，不知有多累。快进屋歇一会。还说要给他做饭吃，反而把他弄得不大好意思起来，说要把马牵回马号，赶快赶着马车走了。

走了一段路，才想起那次几个兄弟问他的话。想到了那些话，不由自主回过头，正好看见她朝门里走，什么都没有看到，只有一个模糊的背影。

不过刚才虽然什么都没有看到。还是想起了她坐在马车上的一点样子。好像，她的左眉上方有一个很小的痣。再有……再有，她好像确实不大难看……

冬天说来就来了。

已经过去的夏天和秋天都没有什么故事。

冬天很冷，这里的冬天格外冷。

冷得太阳都冻成了红色的冰球。

如果说发生着什么，也只能像冰层下面的河水……

他正在雪地上吱吱呀呀地走着，技术员从背后喊住了他。

技术员说屋子里的炉火总也烧不旺，想请他去瞅瞅毛病在什么地方，他没有理由不去，因为是让他帮忙干活，而不是请他喝茶吃饭。

这是马车夫第一次进技术员的家。一下子就发现了火不旺的毛病。毛病有两处，一处是在炉齿上，炉齿太密，灰多了，漏不下去，风上不来，火苗就起不来。还有一处是在烟囱上，烟囱有点低。他上到屋子顶上，给烟囱加了几块土坯。收拾过后，再看炉子里的火，果然变了样子。好像有了很大气力，一下子蹿起老高老长，还呼呼地一个劲响。

技术员一直在旁边，看得眼睛睁得好大。忍不住要说，真行，真了不起。

技术员的话，让马车夫心里得意。

那女人也在身边看。女人看了，没有夸他。只是说，有了这样的火，做起饭菜，不知会快多少。

技术员说，也会好吃。炒出的菜，就不会像煮的一样了。

女人说，这位大哥，这回不能走。

技术员说，一定要吃过饭走。

不可能也没有办法马上走掉。

炉子里烧着的柴是他送来的，炉口有鲜明的火光大量涌出。坐在炉子旁边的她被深红色的温暖淹没，她像被镀了一层金，整个身躯散发着光亮。从他坐的角度看过去。她既有不真实的感觉又不是完全的虚幻，是火光闪闪烁烁的缘故，还是她举止神态随意无拘束的原因，他判断不出，或许他就根本没有想什么。在他抬起头看她讲话时，他没有听见她说的什么，因为这一阵子，他又想起了那几个兄弟问他的话。这么一想，再看她，就觉得她的衣服好像失了火似的烧了起来，并不断有热量朝他扑过来。

他试图想象出她衣服烧光以后的情景，但他确实想象不出。

他真的还没有接触过女人。

这个冬天里，他还来过三次。有两次，是技术员喊他来的，不是喊他来干活，是喊他吃饭。吃饭时，技术员问他喝不喝酒。他说喝一点。技术员马上拿出了酒让他喝。技术员说这酒是队长给的。说冬天出门前喝一口，再冷的天就不怕了。技术员不能喝酒，只陪着他喝了一杯，脸马上通红起来。还有一次，谁也没有喊，他就来了。那天他坐在那里，闲得有点发慌。走出房子，在外面乱走。走着走着，抬头一看，到了技术员家门口。轻轻敲了一下门，门就开了。是女人开的门，一看到是他，样子十分高兴。马上喊技术员。技术员好像正趴在桌子上写画着什么。看到他来了，就把手中的笔放下了。拿出了酒，让女人炒两个菜，要和他喝酒。那感觉，让他觉得很温暖。不过，他并没有再去。想过去，可是觉得缺少理由。非亲非故的，凭什么去吃人家的饭，喝人家的酒呢。他不是那种不懂事的男人。

不过，真正使他们有了很多接触，还是在这个冬天过去以后。

五

春天到了。

冰和雪没了。一下子把白色的棉被掀开了，却还没有来得及穿上绿色的衣服，光着身子的荒野一点儿也不好看。

不好看，就不想看。

只有技术员不一样，有事没事老往荒野上跑。好像有什么宝贝在等着他找。

技术员像只兴奋不已的狗，在营地四周不停地转悠，一会儿蹲下挖几下泥土，一会儿拔起一株草根，凑近了圆镜片呆呆地瞅，一会儿仰起头鼻子使劲吸着流过来的一股空气。天知道技术员在寻找什么。

技术员仿佛在营地附近没有找到什么。见到队长，对队长说，他打算朝远一点的地方走走。比如说干沟附近，他想看看雪山的洪水，怎么来的，又怎么去的。

队长说，不能去，春天的狼是饿狼，见人就吃。

技术员说，不想办法弄住水，今年的生产还会和去年一样糟。再说狼，也不是肯定能碰上，其实狼怕人，比人怕狼还要厉害。

终于，队长很果断地挥挥手，让技术员去。

队长找到马车夫，让他陪着技术员，其实是给技术员当警卫。让他保护技术员。

没有二话，他拿起了枪。

到了干沟附近，技术员才知道，三四月份在这个地方肯定会碰上狼。而且还是一群群的狼。像听到过许多关于狼的传说，而又是头一次见到真正的狼的男人一样，他的身体发抖了，抖得厉害，把眼镜从耳朵和鼻梁上晃了下来，想跑到一块大石头后，不让狼看见。可腿是软的。心里全是劲，逼着腿快点走。可腿不听他的话，好像腿已经是别人的了。狼看到了他。狼朝他走过来，狼张开嘴，舌头在牙齿间抽动。闪动着紫红的颜色。狼走得很近了，能闻到从狼嘴里喷出的腥热的臭味。没有办法了，技术员只好往地上一趴，一动不动。想起听过的狼的故事里，有这个说法，说狼饱了，见到死人，不会去吃。这会儿，只想着这群狼已经吃饱。

给老婆说遇到狼的事，技术员没有说自己。主要说马车夫。说那群狼饿了好几天，狼看到他后，飞一样地跑过来了。那么多狼，只要一个狼一口，技术员可能连骨头都会找不到。正在这时，马车夫出现了。手里端着一支枪。马车夫没有瞄，只是把枪朝前一伸，扣动扳机，随着一声枪响。跑在最前边的狼就栽倒了。一群狼马上不管技术员了，转了方向，朝马车夫扑过去。狼很狡猾，听到枪响，看到了枪，马上明白，要想吃了技术员，就得先把这拿枪的人解决掉。狼扑过来，像闪电一样。可马车夫的动作，比闪电还要快。随着两只狼差不多同时倒下，狼群站下了。狼也怕死。为吃丢了命，有点不划算。狼群想了一会儿，转过身跑开了。荒野大得很，可以吃的动物很多。再说了，看那个技术员，很瘦小，也没有什么可吃的。狼给自己找了理由，马上跑得不见影子了。

技术员讲得手脚乱舞，唾沫星子横飞。

女人听得大气不敢出，两只眼睛闪闪发亮。

其实在这样的地方。这样的故事没有谁会这样讲，也没有谁会这样听。实在是太多太平常了。

听技术员讲过，女人说，还不请人家到家里来。

技术员说，只怕人家不来。

女人说，来不来，是人家的事。请不请是咱们的事。

再一起到荒野上工作，工作完了，技术员说，收了工，没有别的事吧。

马车夫说，没。

技术员说，到我家来吃饭吧。

马车夫说，好。

马车夫答应得很快又坚决，让技术员高兴又意外。因为这以前，喊他到家里吃饭。马车夫总是有点不想来的样子。不过，说现在马车夫就很想到技术员家吃饭，也不准确。只能说，马车夫觉得现在自己去技术员家吃个饭，不算什么了。有点心安理得了。实际也是这么个道理，人家把你的命都救了，到你家吃个饭，算个啥啊。

技术员给他倒酒，倒着倒着眼圈红了。

女人往他碗里夹红烧肉块，泪珠啪啪地落到了桌子上。

大哥，喝！

大哥，吃！

一句大哥，喊得身子暖，心头热。

从来不用言语表达什么的他，也觉得非要说点什么了，他说，以后在这个地方，只要有我，你们什么都别怕。

技术员反倒不知说什么了，就像许多好汉那样，说不出话时，就端起了酒杯。像喝水一样，咕嘟一声把一杯子酒咽进了肚里。

技术员大醉，躺在床上死了一样。

马车夫没有醉，一点也没有醉。

坐在火炉旁边，和她说话。同时看她说话。

和上一次看到的不大一样，因为冬天已经过去，没有炉火把金属般的亮光镀在她身上。于是她处处显得很真实。

她的皱折起伏凹陷的衣裤，显出她身体的复杂和神秘。

她的两只手很丰润，手背的指关节处，有浅浅的酒窝。

挺出衣领的脖颈，尖圆尖圆的下巴，薄嘴唇白牙齿，掩住了半轮耳朵的黑色的头发，还有她的左眉角上的那颗小痣……

其实他即使看得这样仔细清楚了，他还是没有明白别人说她的那些话是不是很准确。谁也比不上的话，他实在没有办法证实。主要是她心目中没有可以和她对比的女人，而一个女人和另一个女人该从哪些方面比较才能比出高低，他也同样不怎么知道。

不过有一点可以断定，那就是她确实长得不难看。

六

曾经连朋友都不是，却一下子成了兄弟成了兄妹。

马车夫成了技术员和他老婆的大哥。

身为大哥，便要有大哥的样子，便要负起大哥的责任。

防寒防雨要加厚房顶的草泥。他拉来了黏性的黄土，背来了麦草，又从老远的水渠挑来了一桶桶水，为了搅和均匀，他光着双脚跳进泥坑来回地踩，再用铁锹铲起大团泥块往屋顶上甩，足有二三丈高，全要靠臂力，他甩了二千五百多次，给屋顶糊了一层五寸厚的草泥。几个月后的那场暴雨，家家户户被雨水冲漏，屋子里湿得没有一块干处。只有技术员的屋子，没有掉下一滴雨珠。

营地伙食不好，他去戈壁上打猎，有时用枪，有时也下套子夹子，把逮住的野兔野羊野鸡，提进技术员家中。亲自剥皮剖腹褪毛。这个活技术员干不了，马车夫干时，他只能在一边看。女人也不行。她也会用刀，可那刀只能切菜切面，干别的不行。不过，她会做饭，会炒菜。野味本来就很有味，经她的手再一炒，格外味香。

女人炒菜时，从门前过的人，会忍不住停下来。站在那里闻一会儿香味。别人闻到了味，只能白流口水。只有马车夫，不但可以闻到味，还可以推开门，走进去，坐到那张小桌子的前边。边喝着酒，边去品尝。就凭着这一点，营地上不知有多少男人羡慕马车夫。也想和技术员家把关系扯近一些，但实在没有什么机会。好像所有的机会，都让马车夫一人占了去。

技术员家掏力气的活都是马车夫干的，干得很情愿很高兴。

干完活儿，走进屋里，女人把一盆热水放到他面前，让他洗去灰尘汗水。洗过了，他用带着好闻的香皂气味的白毛巾擦干了手。刚一坐下，便有茶有烟递上来。有时她还亲自擦着了火柴，给他点烟，她的脸离他很近，让他能闻与香皂有些相似的气味。过一会儿，还有几碟小菜端上来让他下酒，小两口一边一个陪着他吃喝，还说话。

滋味确确实实不错。

每每这样时候，流进肚里的酒，就变成了热乎乎的话儿，再从口中流了出来。不喝酒说不好话，喝了酒，就能把话说得很鲜活。开荒队好多男人，都是这样。

讲的事，是自己的事。从八路军干过来，不知打过多少仗，经过多少事。不用编。只要把经过的事，说得仔细些就行了。

技术员听到来劲地方，一拍腿说，你的事，全能写成书，闲下来我一定要写。

女人不说这个话。她一激动就眼睛湿湿的，好像随时有泪要流下来。

无论两个听众的表情反应是如何样子，他都有一种身心畅快透了的得意。他突然觉得技术员虽然有文化会读书写字，可许多地方并不都比他强。

再看看圆圆溜溜的她，好像也能看得深入了一点。一块时间长了，了解自然会多。再想别人说给他的那些话，就觉得并不是完全胡说八道，好像有那么一点……

不过他没有想下去，他知道他不应该有这样的想法。他立即告诉自己，如果今后有谁在背后说技术员他们的坏话，他将不客气决不留情。

这一点，很快就被证明。

七

在这件事以前，大家都知道马车夫和技术员家关系好，可到底好到什么程度，却并不清楚。但这件事后，马车夫和技术员家有多好，大家就有点明白了。只是这样的明白，真要去说，却说不出什么了。只是觉得马车夫这个家伙，为了技术员家里的人，可以去打架，去拼命，去流血。一般情谊，做不到这一点。

这件事的起因，和一个叫老牛的家伙有关。

老牛也是个老兵，也有光荣的历史。可他并不看重这个。常常做出的事，说出的话，和他革命经历一点儿也不相配。

尤其是在女人问题上。老牛的样子，真的有点很下流。结过婚的女人，脸皮厚，什么玩笑都敢开。有这样的机会，老牛从不放过。别人开玩笑，只是嘴上说说。老牛不但嘴上说，手上还会有动作。趁机蹭一下人家的胸，或者摸一下人家的屁股。

还有些女人，还是大姑娘，脸皮像白纸一样。见了他，不理他。不给他这个机会，他也不放过。不能直接干点什么。就拐着弯去占人家便宜。男人凑到一起，会说些腥味重的话。也算是一种满足。这样的时候，老牛就很来劲。专拣一些模样好的，平常沾不上边的女子，放到舌头上，胡乱编排。

这一回，老牛说到了技术员的老婆。

都知道老牛的话，多半是在胡说，是压根连影子都没有的事。而且那些话，全是些刚从裤裆里掏出来，臊臭臊臭的。可偏偏大家只要看到老牛开口了，走着的，不走了，站了下来，听老牛说，想说别的事的，也不说了，留出时间让老牛说。听老牛说了几句，一边说着老牛太不像话，什么话都敢说，一边还站着不动，听着老牛往下说，仿佛有谁逼着，得一直听老牛吹他的牛皮。

按说，为了把这个事说清楚，该把那天老牛说的话，一个字不落地全写出来。可文字是个很干净的东西，纸也很洁白。不能让老牛的话脏了它。因此，这里只能把老牛的话大概意思写出来。知道老牛说了什么就行了。

老牛的话概括起来，主要由以下几个细节组成。

1.技术员的老婆的奶子圆而且大。

2.技术员老婆去厕所解手，老牛透过芦苇墙的缝子，看见了她的屁股。

3.技术员老婆到现在没有生孩子，是技术员那个东西有毛病。

4.技术员的老婆在夜里又哭又骂，说技术员是个不中用的家伙，老牛说这是他趴在窗户下亲耳听见的。

5.……

本来老牛还可以在讲完第五条以后，继续讲出第六条，再接下去还会第七、八、九条地一直讲到口干舌燥。

但所有的这些可能性，在老牛讲完第五条以后，就再也没有可能出现。也就是说在老牛讲到第五条时，出现了一个新的情况。

读到这里，大家肯定可以猜出来，是马车夫出现了。

没有错，马车夫是在这个时候出现了。也不是每个人都愿意听老牛说的。如果说开荒队的人，有谁让马车夫讨厌和看不起，那就是老牛。一般的情况下，只要看到一群人围着老牛，听老牛在那里眉飞色舞，马车夫从来不会往跟前凑。

这一次，马车夫也没有往跟前凑。老牛和一群人站在屋子的转弯处。马车夫走过来时，屋子的山墙挡住了他，让他没有看见老牛他们。等他看见了，就已经走到跟前了。走到跟前,他也没想听,只想快走过去,去办自己的事。其实没什么事,回到屋子里,也是一个人坐在那里抽烟。想着快点走过去,却一下子站住了。不是想听马车夫说那些话。是老牛话里的几个字,引起了他的注意。那几个字是技术员和技术员的老婆。

站下了,马车夫站下了,没有引起别人的在意。大家都被老牛的话吸引。马车夫听到老牛说完了第五条,还想继续往下说时,马车夫用手拨拉开面前的人,往人群中间挤去。被他拨拉开的人,有点不满意。说又不是听不见,非要往里挤干什么。马车夫没有说话,连看都没有看说话的人。一点表情也没有,继续往里挤。

并没有多少人。马车夫本来就是个很有力气的人。很容易他就挤了进去。一下子就站到了老牛的跟前。

老牛看到了马车夫,愣了一下。觉得有点怪。自己说这些事时,马车夫这个家伙从来不听的。今天是怎么回事,太阳从西边出来了。也想过来解解馋过过瘾。看来,天下的男人全一样,有不一样的,也全是他妈的装的。

看到马车夫,想起了技术员一家是他从场部用马车拉来的,就想开个玩笑逗逗他。当然这个玩笑,得更刺激。这样大家才会开心,才会显得他老牛的能耐。

老牛张开了嘴,舌头上的唾沫,像白色的肥皂泡。正当它们要随着老牛的声音,从唇舌间飞出来时。却被意外地封在了老牛两排褐黄色牙齿的后边。

这个意外是马车夫造成的。

马车夫的一个大拳头,几乎塞进了老牛的口中。

等到马车夫的拳头离开了老牛的嘴,再从老牛的嘴里喷出来就不是话语了,而是带着血色的唾沫了。

老牛被打傻了。还从来没有在这个时候挨过打。打过了还不知道为什么挨了这打。喊了一声马车夫兄弟,你是为啥?马车夫说,不准你胡说?老牛说,我说技术员,也没有说你。马车夫说,他是我兄弟,你说他就是说我。老牛说,你就为这事打我,你也太欺负人吧。

老牛也不是随便受人气的人,知道了马车夫为什么打他,顿时火冒三丈。不等马车夫再说什么,朝着马车夫的肚子就狠狠地打出了一拳。这一拳比马车夫的那一拳,一点儿也不差。马车夫一下子弯下了腰,捂着了肚子。

太阳还没有落下去,飞起的尘土,在营地中央飘荡,像雾一样。

把尘土像雾一样扬起的,不是牛群不是马群,也不是羊群,而是一个姓牛的人，和一个喂马赶马车的人。用他们的拳脚和身体，让本是寂静的时刻，变得热闹起来。

的确是这样，他们拳脚带起的风，把地面干燥的尘土全旋卷了起来，形成了一团翻腾不息的云雾，人们有时只能隐隐约约看见两条影子相撞相缠在一块，再就是根据皮肉猛烈接触发出声音的响亮度，判断什么部位受到了沉重的打击。有时人们不由得发出惊叫声，因为看样子听声音，好像其中的某一个已经筋骨碎裂。

直到太阳落山，还是没有能分胜负。

两个人全趴在了地上，不动了。不是他们不想打了，是实在没有力气再打了。马车夫的眼角上裂了一道口子，正淌着血。老牛的一颗门牙打得掉在地上，已经再也不可能找回来了。

虽然那天打架没有分出胜负。但那以后，再也听不到老牛说技术员和他女人的事了。甚至连别的女人的事也不说了。关于这一点，老牛一再对他的朋友说，不是因为马车夫教训了他，他害怕了，不敢说了。老牛说，是他自己想明白了，老说这些话没有意思。什么好处得不到，还落个坏名声。到时候找媳妇都会受到影响。

老牛说的好像挺在理，可大家还是觉得这个事和马车夫有关。不是马车夫，老牛肯定不会这么快改掉他的坏毛病。同时，大家也觉得马车夫是对技术员两口子真好。是对自己家里人那种好。像马车夫这么讲义气重情谊的人真的已经不多见了。

这个事，后来让队长知道了。队长见了马车夫不但没有批评他，还在他的肩膀上拍了一下，说，不错，像个男子汉。以后，你要是再听到有谁说技术员的坏话，你就狠狠地揍。

八

夏天是活跃的季节，许多埋在土里的东西生长出来。不仅长出绿色的叶子，还开出好看的花朵。

脱掉了棉衣棉裤绒衣绒裤的人们顿时轻松了起来。没有了约束的关节转动得更加自如了，特别是闲置了许久的手脚，老有一股要干点什么的冲动。

于是就有了一些和季节有关的故事。

那个夏天有许多故事。

这故事只是其中的一个。

队长带着技术员去指挥部汇报初步拟定的垦荒建设计划。

一人骑一匹马。

队长是老兵,同样也是出色的枪手。

这样就用不着马车夫的马车和他的步枪了。

队长只让他牵两匹马过来,他牵来了两匹备好鞍子的马。把缰绳分别交到两个人手中。

技术员一下子抓住他的手。他有些不大习惯。他觉得和技术员已经很熟了。用不着那么客气了。有什么话说就行了,有什么事让去办就行了。

技术员说,我走了,这一段日子,家里的事还得请你多帮忙多照顾。

马车夫笑了一下。没有马上说好。不是他不想答应技术员的话。是觉得技术员说了句不该说的话。或者说是说了句用不着说的话。他们已经是兄弟了。兄弟中的一个有事要离开家一阵子,那另一个留在家里的兄弟,就自然而然地要去照顾家里的所有了。

马车夫笑了一下,这一笑,技术员全明白了。放下心来,就跟着笑了一下。

两个男人笑了。那个女人却没有笑。每回技术员离开家去场部开会,或者干别的事,女人都会送出家门口,送到路边上。不管周围站着多少人看。都要走到技术员跟前,伸出双臂抱着技术员的脖子,在他的脸上亲一下。

马走起来,很快,一会儿走得不见影子了。没有了影子,女人还站在路边看。好像她仍能看到骑在马上的技术员。

马车夫站在她身后,对她说,回去吧。没事的,开会,开不了几天。

女人转过身往回走。好像眼角还有泪,自己用手擦了一下。

看着女人往家里走。马车夫心里突然想到,自己长这么大,却还没有一个女人为自己掉过泪。

一下子觉得心里挺不是个味道。

没有事做,坐在土坡上,看天边太阳往下落。

看女人挑着水桶往大渠走。想起了技术员的话,马上站起来,走过去,把女人拦到路中间,让女人把肩上的水桶交给他。女人有点不想交。可马车夫很坚决。好像女人再不交出水桶,就会发脾气似的。

没有了水桶的女人,不再往水渠走。转过身,回到家里。

马车夫挑了两大桶水,进到了技术员家中,看到女人在做饭。

把两桶水放到角落里,马车夫要走。女人说,饭马上就做好了,吃过了再走吧。

马车夫有点犹豫。技术员不在,还没有在这屋子里吃过饭。还在想是不是合适,女人已经把饭菜放到桌子上。女人说,一个人吃饭,太冷清。

一听女人这么说,马车夫就坐下了。

没有话。技术员在,话很多,大家都有话说。技术员不在,好像什么话说出来,都有点不合适。

两个人吃着饭,不说话,也别扭。女人也这么觉得。

女人说,大哥,怎么不找个女人一块儿过?

马车夫说,这里的女人少,像我这样的,女人看不上。

女人说,这话我可不信,大哥这么好的男人,女人只要不瞎眼,都会抢着喜欢。

马车夫一下子记起了什么。问女人,你们怎么不要个孩子,有个孩子,什么时候都不会冷清。

女人看看马车夫,不说话。脸上的表情不好看起来。

自己说错了话,马车夫不安起来。赶紧把碗里的米饭吃完。说我吃好了,站起来要走。

女人没有留他。连话也没有说,让马车夫走了。出门时,马车夫回过头对女人说,别忘了,把门顶上。

看来女人是真不高兴了。马车夫回到屋子里,躺在床上,一直睡不着。明白老牛的那些话,并不全部是胡说八道了。

想着话没说好,让女人生气了,就不敢去技术员家了。怕女人见了他,还会不高兴。马车夫不想让技术员的老婆不高兴。

马车夫没有去技术员家。他想过两天再过去看看,有什么事要他帮忙做。他没有去,技术员老婆却来到了他的屋子里。像那天的事从来没有发生过一样。女人的脸上没有一点不高兴。见了马车夫,问马车夫怎么没有去家里玩,说想着马车夫是不是病了,就过来看看。说得马车夫不好意思起来,觉得自己的心眼太小。

女人看到马车夫床铺上的被褥有些脏。不可能不脏,快半年没有洗了。这不奇怪。这些打过仗的男人,别的方面很出色,这些方面却有点不像话。也怨不得他们，提着脑袋到处跑，不知什么时候会丢掉命，怎么可能去管被褥干净不干净。男人不管，女人看了不能不管。女人爱干净，见到什么东西脏了，都想弄干净。

马车夫在一旁不让拆，女人不管。几下子就拆好了。拿了拆下的东西，女人去洗。女人说，中午洗了，下午就干了。晚上就可以盖上了。

到了晚上，马车夫果然盖上了刚洗过的被褥。摸着不一样了，味道也不一样了。盖在身上，是完全没有过的舒服。

这一夜，马车夫做了好多梦。

技术员不在。女人没有事可做。

在屋子时呆着没意思，走出屋子，在营地里走。

营地里已经有了不少孩子。大人下地干活了，这些孩子，就在房子外面玩。

走着走着，遇到一个或几个孩子。女人站下来，看着孩子玩。

看到一个孩子脸子长得好看，会多看一会儿。还会走到孩子跟前，和孩子说话。问孩子一些话。比如说叫什么，父亲是谁，母亲是谁一类的话。

和大人说话，孩子并不喜欢。说一会儿，孩子就要跑，跑到别处玩。女人还想和孩子多呆一会。从口袋里拿出水果糖。让孩子在自己脸上亲一下，说亲一下，就给一块水果糖。孩子知道水果糖有多好吃，有多甜。马上在女人脸上亲一下。女人也说话算数，孩子亲了一下后，马上就把水果糖给了。

拿了水果糖的孩子，高兴地跑开了。到了另几个孩子跟前，说有个女人有水果糖，还说只要在女人脸上亲一下，就能得到一块。孩子就全跑到女人跟前，和女人做这样的游戏。

女人口袋里的水果糖一块也没有了。

可女人的脸上留下了孩子亲她时的口水。

女人的样子，实在比那些得水果糖的孩子还要欢喜。

技术员家里并没有多少事可做。但一天两桶水却是不可少的。这个女人好像很能用水。女人本来就离不开水。天越是热，水就会用得越多。

偏偏这个夏天极热。没有风。外面像是烧着火的大炉子。屋里又像是封得严严实实的蒸笼。

这个地方几乎没有春天和秋天。和冬天一样漫长的夏天热起来的程度，也像冬天的寒冷那样厉害。

冷能冻裂石头，热能烤裂石头。

人不是石头！

人可以戴草帽，可以往身体里灌大碗大碗的凉开水绿豆汤，人可以躲进树阴里房子里，可以用毛巾擦汗，可以穿单薄的衣衫。

只是怕天真的热起来，这样一些措施，全不会有太大作用。

马车夫挑着水桶，把水送到技术员家。

她穿着汗衫。手里还拿一把扇子。

可好像并不管用。汗珠还像泉水一样从汗毛孔内涌出。

汗衫真的变成汗衫了。汗衫湿透了，死死地贴在皮肉上。

放下水桶，马车夫要走。

女人说，别走，饭已经做好了。

马车夫坐下来吃饭。

马车夫穿着衬衣，可没有系扣子。太热了，如果不是在别人家，马车夫早就光脊背了。

现在吃饭，已经和过去不一样，不会只是吃，没有话可说了。马车夫可以找到许多话说。因为马车夫经历过的事，全是女人没有经历过，没有听说过的。随便说一件，让女人觉得很新鲜，很有意思。

女人听的时候，眼睛一眨一闪的，常常连手中的筷子都忘记使了。

你说的话，只要有人喜欢听，你就会越说越起劲。

只是天太热，他老出汗。

汗淋湿了话，就讲得不流畅。

先擦擦汗吧。她给他递一条毛巾。

擦掉了汗，却仍是湿湿的。像闪闪发亮的深黄色的铜雕。

女人脸上是汗，身上也是汗，脸上的汗，能看见，像水珠一样，在脸上滚动。身上的汗看不见，但能看见汗衫湿的样子。湿得让人没法看了，不敢看了。

马车夫不想看，也不敢看。可偏偏还能看到。这让他的心有点乱。

心一乱话就有点讲不好。

马车夫觉得自己没有平常讲得好。

马车夫不想讲了，有点想走。

马车夫站起来。马车夫说，我走了。

女人正听到一半，马车夫的故事还没有讲完。女人说，你还没有讲完呢。

马车夫说，下次再讲吧。太热了。

马车夫因为太热，不想再讲了，要走。可女人并没有因为太热，就不想听了。女人说，讲完了，再走吧。

女人拿杯凉开水，让马车夫喝。女人说，喝点水，就不会那么热了。

马车夫只好坐下来，又接着讲了下去。

故事只差一点，就要讲完。

只要讲完故事，马车夫回到马号。不管天有多热，不管接下来天气会有什么变化，都不会有什么新的故事发生。

谁也没想到，只差一点，一个故事就要讲完时，下起了大雨。

各地都一样，太热了，太闷了，就会下雨。越热越闷，下的雨就越大。只是在下雨时，或者下雨后，会发生怎样的事情，各地就一定不会一样了。

于是，就有一个故事发生了。

这场大雨就是故事一开始时提到的那场暴雨。

关于那个夏天的这场暴雨，在许多年后，还有许多人不能忘记。

因为这场暴雨实在是太大了。

九

干旱的荒漠很少遇到雨，更不要说是粗暴的大雨了。开荒者们，从进入到这片荒野，到他们老得什么也不能干了，只能坐在椅子里回忆过去。他们也想不起，会有哪场雨，比这年夏天的这场雨更大。

这是一场怎么形容都不过分的大雨。

而这个夏天就下了这么一次雨。

不过，下雨前，先闪了电。

闪电像一把剑，从空中劈下来，劈到一棵树上。是棵胡杨树。这棵树已经活了一千年了。不知被闪电劈过多少回了。身上已经是伤痕累累。但没有一次被劈倒过。可这一回，它倒下了。看得出，它不想倒下，高大的身体在空中扭动着，呻吟着，挣扎了好一阵子，才轰然一声，倒在了地上。

紧接着，一阵雷鸣，从天边滚过来。

那雷有多大，看不见。可那雷有多厉害，却能看见。砸到地上，地乱动，房子乱晃。人们惊叫着,往外跑。一座立了两千多年的烽火台,天地翻转,沧海变桑田,历经无数劫难,仍然不动,不想正好被此雷击中。砖瓦粉碎,刹那间化为平地,再无踪影可寻。

这样的闪电,这样的雷鸣,一下子看到,一下子听到,让人不会想到下雨。马上想到的,肯定会是地震,是火山爆发,是战争。是一种灭顶的灾难。

别人是不是这么想,我们不知道,反正马车夫是这么想的。只是马车夫想到后,不会像别的人站在那里像木头桩子一样发愣。

几乎在电闪雷鸣的同时,马车夫跳了起来,跳到了女人身边,伸出胳膊把女人护在了身上。他想如果天塌下来,房子塌下来,他要把天和房子撑住,不让它们伤害到技术员的女人。

许多尘土被震得落下来,落在了马车夫身上。

房子在晃。好像随时要塌下来。

马车夫拉起女人往外跑,可女人好像吓坏了,不知道跑了。马车夫只好弯下腰,抱起女人往外跑。

但马车夫抱着女人并没有能跑到门外。不是马车夫抱不动这个女人,也不是房子塌了下来,来不及跑出去了。

正好在这个时候,下起了大雨。

这雨下得真的很大。

像有无数只盆子,里边装满了水,一齐从天上往下倒。

像一条很大的河,被举到空中,被翻了个身,变成了河身朝下,河水哗地落下。

不知为什么事,把老天爷惹恼了,老天爷要这么做事,生这么大气,不会是很小的事。可要说到底是什么事,怕是没人能说得出。

好像天已经不是个天了,早变成了一个大水缸。而这个大水缸已经被闪电劈开,被惊雷撞破,水缸里的从全漏到了地上,正把大地变成一个水缸。

……

再大的雨,也不会下个不停。老天爷再生气,气过那一阵子,或者说用一种方式把气出了,就不会生气了。

不生气了,就不会让雨再下了。

天快黑时下起的雨,到了半夜就停了。雨都是这样,越大的雨,越不会下时间久。越会早早就停下来。

这场大雨，好多人不知道是什么时间停的。雨停下时，好多人已经睡着了。

因为一下雨，就不那么闷了，不那么热了。睡觉很舒服。

可有人没有睡着。

比如说，技术员的老婆就没有睡着。

女人没有睡着，不全是雨的缘故。在南方长大，各种雨都见过。没有什么雨会让女人睡不着。就算是睡不着，也只是一会儿。好久没有见到雨，会想。像亲人一样，分别久了，就想看到。看到雨下来，会高兴地走到门外，和雨亲近一下，等雨下得大了，再进到屋子里，站在窗子前，听雨打在树上，打在草上，打在土地上的声响，看着雨落下的各种样子，像珠子一样溅开，像线一样扯不断，还会像绸缎一样飘忽。看上一阵，觉得凉意，身子也有些倦，就会走到床上，脱去衣服，拉过被子盖在身上。平常天热，被子盖不住，就盖条薄薄的布单。这样下雨天，被子盖到身上，身子各处都被体贴。轻轻把眼一闭，就会睡过去，会一睡就睡到天亮。

同样下雨，女人却不能像过去下雨一样，让雨淋一会儿，站在窗子前，听雨，看雨。更不能去盖上被子，好好睡一觉。不是女人不想这样，是女人想这样，却不能做到。不能做到的原因，只有一个。是雨还没有下来时，太大的闪电雷响，把她吓住了。只是这个原因，也不会有别的事。主要是这时身边还有马车夫，看到她吓住了，也以为真有什么灾难来了。就把她抱了起来，想抱她到门外，找一个安全地方。而恰好这时，大雨下来了。

看到大雨，女人不怕了，知道没有事了。女人明白再让别人抱着，就不对了。女人说，下雨了，没事了。女人动了动身子，想站到地上。可脚挨不着地。女人觉得怪。看那马车夫，一看马车夫，看到马车夫盯着大雨，像雕塑一样。那样的闪电雷鸣，没有让马车夫惊慌，倒好像这大雨，这突然的大雨，把马车夫吓住了。

马车夫不动。像个石头。女人的身体被石头固定住，不能动。想看雨，看不成。门被关上。想听雨，也听不到。马车夫的呼吸，又粗又重。把别的声响全盖住了。女人闭上眼。可女人看到另一场暴雨。

屋子很小，可和外面的天一样，和外面的地一样，也在闪电，也在打雷，也在下着一场一样大的暴雨。

雨停了。

女人躺在床上。她身上没有一块布，被子就在身边，可它没有被盖在身上。

女人的身上还在流着汗。像刚下过雨的树木一样，汗水像雨珠一样，缀满了她的身体。

女人睁开了眼睛。

女人看到屋顶好像裂开一条缝,并且有一颗雨珠正从空中落下。

这是这场暴雨的最后一滴雨珠。

她就是这样看见了最后一颗雨珠。

那雨珠晶莹透明,月亮一样从高远的夜空缓缓飘落。她嗅到了它散发的鲜冽。

雨珠落到了她光洁的腹部上。

雨珠破碎,泼溅出一片光华,女人身体湿亮起来,闪动一种神秘的色泽……

雨停时,马车夫走出来。像逃一样,他跑出来。跑出来后,天还黑着。雨已经不下了,地上全是泥水。他跑得很急,看不见路。也不知道方向。只是跑。一个坎,很小的一个坎,把他绊了一下。这样的坎,平常可绊不倒他。可下了雨,全是泥,滑得很。再说了,他的腿还有点软。这样一来,一个小坎,就把他绊倒了。

趴在地上,没有马上爬起来,整个脸都埋在泥水里。过了好久,慢慢地抬起头。一张脸,被黑色泥巴糊住,完全变了样子。这时,要是有人遇到他,不管和他有多熟悉,也不可能认出他。

天亮了,太阳出来了。下过了雨,太阳格外亮。马车夫从地上爬起来,看到一条河。那河平常也看不见。是条季节河,经常没有水。可刚下过雨,河里的水很多。把岸边的树都淹了。

马车夫走到河边。看着河水。水流得很激,也很浑。看了一会儿,马车夫朝四周看了看,没有看到人。这么早,大家刚起床,还不会到河边来。马车夫朝水里走去。走得并不快,水一点一点把马车夫的身体,从下到上隐去。到了后来,只剩一张脸了,只剩一个头了。又过了一会,什么都看不见了。马车夫是西北人,不会水。

可马车夫并没有死。

天一亮,女人出了门。不知为什么,女人一夜没睡。可女人不想睡,想看太阳。下雨的样子,没有看到。下过雨太阳一定要看。雨后太阳,像刚洗过澡的女人,不知有多好看。

女人看到了太阳,也看到一行脚印。湿湿的泥地,脚印像章子盖在上面。脚印歪歪扭扭,有点乱。盯着脚印看,好像看到一颗心,极难受。知道这脚印,是怎么回事。女人不能不管。别的时候,别的脚印,女人可以不管,可这个时候,这个脚印，女人不能不管。

女人顺着脚印走，走了一会，看到远处一条河。看到河。女人走得快起来。离河近了些，女人看到一张脸，在水面闪了一下，不见了。女人跑了起来。

女人是南方女人，别的本事没有。但在水中，却能像一条鱼一样。

女人像个打鱼的人，把一条快要死的大鱼从水中拖了出来。拖到岸边的沙土地上，从大鱼的嘴里喷出水来。

大鱼在沙土地上喘息。

女人看了看这大鱼，不再理会，转身离开。

大鱼是马车夫。可马车夫不是大鱼，大鱼到沙土地上，真的会死。可马车夫从水里到沙土地上，马车夫就没有事了。

女人跑到了一片高坡上，坡上长满了青草。下了雨，这些草格外绿。好多花，在雨水的催促滋润下，一齐开了。雨后花，看起来，真是很鲜艳。女人去看，用鼻子嗅，还忍不住伸出手摘下了一朵。

一条路顺着草坡伸向天边。女人坐在路边，拿着一朵野花。她的样子像手中的那朵野花一样好看。

女人往路的远处看。女人想，有一个人，是不是该回来了。

十一

女人想一个人该回来了。

马车夫也在想有人该回来了。只是马车夫想的是两个人。

和暴雨没有关系，只要队长离开开荒队，马车夫都会记着队长要回来的日期。记着队长，没有别的意思，是记着队长骑的马。队长出门，他要把马牵去，让队长骑，把队长送走。队长回来了，他要去接队长，从队长手中把马缰绳接过来。再把马牵回马号，给累了一路的马洗澡喂草，让马好好休息休息。

除了队长还要再想一个人，这个人是技术员。也和暴雨无关。技术员和队长一块走的。技术员骑的马，也是他牵去的。在开荒队，能和队长享受一样待遇的，除了技术员，再没有别的人。

从场部回到开荒队的路，马车夫很熟。走多久，马车夫能算到。算到了某一个时刻。马车夫走往一个方向，走到一个坡上，就看到一条路。想着要走到那条路上去。可马车夫看到路上已经站了一个人。马车夫就没有走过去。

按说，他是该走过去的。站在路中间的那个人，是他很熟悉的一个人。是一个喊他大哥的人。是技术员让他好好照顾的一个人。这个人是个女人。

他想走过去，可他想了又想，还是没有走过去。如果没有那天的那场暴雨，他肯定会走过去，和她站在路边，随便说着什么，等着技术员和队长归来。

马车夫坐在草坡上抽烟。

等在路中间的女人，并没有眼睛老朝一个地方看，她不时地会转一下脸，朝四周看看。没什么意思，只是看看。她有点像孩子，看到一只鸟，看到一只野兔子，都会有点兴奋，会目光追着看。直到看不见了，才会把脸转向别处。

这一次转过脸，没有看到鸟，没有看到兔子。却看到了马车夫。

看到马车夫，女人喊起来。问马车夫坐在土坡上做什么。声音很大很亮。

马车夫没有想到女人会喊他。没有马上说话。女人又喊他。问他是不是在等队长和技术员回来。还说她也是在等他们。她让他过来，和她一起等。

女人这样喊了，马车夫不好意思不过去。往女人跟前走时，马车夫在想，见到女人，对女人说什么。

没等马车夫想好，远处响起了马蹄声。

队长和技术员回来了。

还离老远，马还在走着，女人就等不及了，跑着迎了过去。一匹马站下了，技术员从马上跳下来，一只脚还没有落到地上，已经被女人抱住了脖子。

队长看着笑起来，没有让马停。让马往前走。前边站着马车夫。走到马车夫跟前，队长让马停下来，从马上下来。

技术员把女人拦腰抱起来，女人的两只脚离开了地面。身子像只鸟，绕着技术员转。女人的笑声四处飞扬开来，有点像阳光的碎片。

马车夫一直在看，看得有点发痴。队长看到马车夫那个样子，用马缰绳打了他一下子，说看什么看，用不着羡慕，你也有这么一天。小别似新婚啊，女人都这样。

说得马车夫有点不好意思，朝着队长笑了笑。队长拿烟，给了他一支。同时，也把马缰绳放到他手中。真想接过队长的马缰绳，骑上就走。可队长好像看出了他在想什么。队长说，还有一匹马，一块牵到马号去。

马车夫只好站在那里等。

好在技术员马上看到了他。一看到他，技术员就把女人推开了。牵着马，朝着马车夫跑过来。

跑到马车夫跟着，伸出手来和马车夫握手。握手时，马车夫接过了马缰绳。马车夫只想接过马缰绳就离开。可他一转过身，技术员又喊住他。技术员说，等等。马车夫心咚地跳了一下。慢慢地转过了身。

技术员从怀里掏出一个东西，在他脸前一晃。说，看，我给你带了什么。

那个东西不晃了，停在了他的脸前。他看到一瓶酒。

他有点不想要这瓶酒。一手里抓着马缰绳，另一只手有烟卷。他没有把手伸出去。

技术员说，是好酒，伊犁大曲，拿去慢慢喝。我不在，谢谢你帮我照顾家里。

这时女人也走了过来，站在技术员身后。女人靠在技术员身上，下巴放在技术员肩膀。女人的表情极平静。

马车夫愣了一下。不是因为那张脸太平静。是他没有想到那张脸，好像一下子变了。好像就是那场暴雨之后，变了样子。如果说，原先那张脸，只是好看。那么，现在这张脸，就是极其美丽了。

女人说，谢谢你照顾我，有空来家里吃饭。

马车夫的样子有点傻了。烟卷快烧到手指了也不知道。女人把技术员手里的酒瓶子拿过来，走过去放进马车夫的口袋里。女人说，快把烟扔了，要烧到手了。

马车夫这才觉出烫，松了手，让烟卷掉在了地上。

女人和技术员一齐往房子走去。

马车夫去了马号。

这天夜里，他坐在沙丘上喝酒。喝了一口又一口。喝一口看看那间土屋子，再喝一口看看透出灯光的窗口。就这样喝到月亮把他的影子从身体的左边挪到右边，喝到屁股下的沙丘把吸收的阳光的余热全部释放完了，他觉得有一股凉意透进身体往上蹿腾。

那个窗口的灯光突然消失了。

那间土屋子里的灯灭了。

马车夫知道这盏灯灭了，不是闯进屋的雷鸣震灭的，也不是破窗而入的闪电打灭的，更不是骤然的风雨吹灭的。是她，不，也许是技术员，肯定是技术员，它是被技术员迫不及待地用一口气吹灭的。她一定是不让技术员吹灭至少她会让技术员等一等,等到全部的灯都熄灭了。可是技术员根本不顾她的阻拦,硬是狠狠地把灯弄灭了……

他举起贴有伊犁大曲商标的酒瓶朝自己的膝盖用力砸去。

第二天,马车夫走路有一点瘸。

十二

负责妇女工作的干部找到了马车夫。说干部们开了会,大家在会上说到马车夫,说他不小了,也对革命有不少贡献。说他的个人问题该解决了。妇女干部说他若是看上了什么人,不好意思说,她可以去替他说,并负责做通女方的工作。他想了一下,说没有。妇女干部让他好好想想。他又想了一会儿,还是说没有。妇女干部说,你是没有自己看上的,我可以给你介绍一个。听妇女干部这么说,他也没有再多说什么。这样的事,一般的人都不会多说什么的。

妇女干部对工作很负责,没过几天,就领来了一个女人,让他看。他一看马上就说,他看不上。妇女干部问他为什么看不上,这个女人有什么不好。他说不出为什么看不上,也说不出有什么不好。妇女干部说,这是个机会,你可不要错过,开荒队现在不知有多少男人半夜做梦都想娶媳妇啊。妇女干部没有让他立即决定,给了他三天时间,让他好好想想。三天后,见到妇女干部,他还是那句话,一点也没有变。

妇女干部真的生气了,说要是这样,他的事组织就不管了,自己去想办法,到时候不要怨组织不关心他就行了。妇女干部说完了,转身走出了几步,又停下来,转过身看看他。大约还是想给他一个机会,让他说句软话。只要他态度转变,那女人还是他的。

可他一句话也不再说。一直看着妇女干部走得不见了影子。

队部里干部们在开会,商量一个关于下野地发展的计划。计划是技术员写的,由他讲给队干部们听。

他没有事,在营地上转。转到了队部门口,看到里边灯火通明,同时听到了技术员激动的声音。

他也有点激动,可他没有听下去。他转过了身,向着一个方向走去。

天黑着,看不见路。他顺着一条路走,走得很快,并且一点没有走错。直接走到了一排房子前边，直接走到了一扇门前停下来。

他站了一会儿，好像在想什么。好像想好了，他去推门。推了一下，没有推开。他抬起胳膊去敲门。敲了一下。里边响起问话声，问是谁？

他说，是我。

里边的人听出了是谁，可并没有把门打开。

他好像不相信，这门不会不打开。他又敲了起来。

里边说，你不要敲了，我不会开门的。

他说，那我以后再来。

说完他走了。因为他觉得队部的会快要开完了。他想这次门没有开，下次门肯定会开。

队部的会开过了。

全开荒队的人又一起开会。

开会时先是队长讲话。不管开什么会，都是队长先讲话。这次开会和过去的会有点不一样。过去开会，队长总会骂人。总有些人违反纪律，或者不好好干活，让队长总是能找到可以骂的人。这回队长没有骂人。这次开会，他说的全是大家喜欢听的话。他说，我们这个地方，用不了多久会变得和城市一样。

队长说完了，说得不那么细。这个规划，是技术员用笔画出来的。队长让技术员说。技术员说，到了那个时候，走在路上，不会有尘土飞起。因为路上铺了柏油。也不会有太阳晒，因为路边全是树，像伞一样。房子里夜里比白天还要亮，因为屋子里有电灯。大家不用串门，不用见面，就能互相说话。因为家家都有电话。

都知道日子会越来越好，可怎么个好法，知道得并不具体。让技术员这么一说，都觉得用眼睛可以看见了，用手可以摸到了。全显出激动的样子，不停地给技术员拍巴掌。同时，心里明白，这么干下去，跟着队长和技术员，把那图纸上的东西，移到荒野上。梦就会变成真的。

有一个人没有拍巴掌。不是这个人对技术员的话有什么看法。是他压根儿就没有听到技术员的话。还是队长在说话时，这个人就站了起来，往门外走。从老牛跟前走过时，老牛看了他一眼。那一眼的意思好像在说，不好好开会，乱跑什么。这个人没看老牛，好像什么也没有看，就走了出去。

等这个人再回来时，技术员的话已经讲完了。别人激动，顾不上看他。脸色难看，坐回到位置上。显然一件事，让他不高兴。很不高兴。到底什么事，让他生了气。会场上的人，全不知道。

会还在开。队长又讲话。队长说，要修个水库，要成立个测绘小组。组长是技术员。念组员名单时，念到了一个人的名字。这个人刚从门外进来。听到念自己的名字。抬起了头，往台上看。看着队长，也看着技术员。

这个人就是马车夫。

散会了，大家往外走。

技术员从后边喊住了马车夫。技术员问马车夫这两天怎么没有去家里玩。

马车夫笑了笑。

技术员说，成立测绘小组时，队长问我让谁参加，我第一个就说了你的名字。

马车夫说，我什么都不懂。

技术员说，不，不，我懂的，你可能不懂。可你懂的，我也不懂。我离不开你。

马车夫说，我会给你做好后勤工作的。

测绘小组只有四个人。可队长很重视。把四个人喊到一起开会。在会上，队长给每个人都下达了任务。队长对马车夫说，别的事，你不用管，你就管吃喝，管住行。还要管他们的安全。不能出一点事。

马车夫说，队长你就放心吧，我保证完成任务。

这里的人，还是当兵的习惯，对干部的话，当军令一样对待。执行起来，一点儿也不含糊。

出发时，马车夫赶着马车来了，马车上什么东西都有，吃的喝的用的。队长看了很满意。还把马车夫的老步枪拿起来，揭开枪栓看了看。看到里边压满了子弹。队长放心了。挥了一下手，让马车出发。

一辆马车，四个男人，朝着荒野进发。

那天，出发时，好多人都看见了。看到年轻的技术员坐在马车上，意气风发的样子。大家想起了技术员开会时说的话。觉得开荒队能有这么个技术员，真是有福气。

女人没有来送。早上出去，晚上就会回来。用不着去送。

谁也没有想到，五天后，我们的技术员就死了。

十三

技术员的死，说起来很简单。

那天工作到中午。到大树底下，吃马车夫做好的饭。吃过饭，技术员说，大家休息一会儿。下午接着再干。

树下面有一片凉阴，还有一片青草。躺在上面，身子骨会马上松弛下来。

都躺了下来。

技术员躺了一会，坐起来。马车夫问，你怎么躺着。技术员说，我睡不着。

技术员站起来，起出了树阴。走到了不远处的干沟边。

马车夫想睡一会，可技术员不睡，他也不能睡。技术员去了干沟，他也得跟着去。队长说了，不能出一点事。他站了起来，跟在了技术员后面，手里还提着枪。

技术员看到马车夫跟着，回过头说了声，你去休息吧，我随便看一看。

马车夫说，我没事，不困。

干沟是一条沟，洪水冲出来的。干沟并不干。洪水退走了，会在一些坑洼地方，留下些水。这些水过些日子，就会变成泥。就会有许多野草从泥里长出来。长得最多的草是芦苇。大片的芦苇看起来，有点像湖水一样，在风中荡起绿色的波浪。

站在干沟边，技术员想了很多。不过，主要想法只有一个，那就是利用干沟的地势，利用洪水，在这里拦一道坝，建一座水库。想一个法子出来，并不难，可真要把想法变成真的东西，向来不容易。要做大量工作，包括前期的水文地质调查。

站着看了一会，技术员又朝干沟下面走。有一个便道，走下去并不难。马车夫看到技术员下去，也想跟着下去。技术员不让他下，说他去方便一下。一听技术员说去方便，马车夫就没下去。

马车夫本来要说，这里没女人，想在什么地方方便都行，用不着下到沟里。可想到技术员和他们这些大老粗不一样，凡是关系到脸面的事，全会很在乎的。就不再说什么，坐到了干沟边上。从这个角度往干沟下看，一般的情况逃不出他的视线。也就是说，如果技术员遇到什么危险，他要干什么，完全来得及。

但技术员还是死了。

马车夫说，技术员说他去方便，进了沟底下的芦苇丛中。

在一片踏倒的苇子间，确实有一处人的粪便。粪便四周的脚印，也是技术员的球鞋踏出来的。

马车夫说，他等了好一阵子，也没有看见技术员出来。算了一下时间，觉得怎么方便也不会有这么长时间。马车夫就下到干沟里去找。找到了技术员刚留下的散发着臭味的粪便，却没有看到技术员。

芦苇丛里好多地方地面上铺着干枯的苇叶，脚踩在上面常常留不下脚印。这样一来马车夫就很有可能不会一下子找到技术员。

马车夫说，他跑回来喊醒了正在树底下休息的两个人，说技术员找不见了。三个人就一起跑下干沟，钻进了芦苇丛。

这一点，另两个人可以证实。他们两个被马车夫喊醒后，三个人一块钻进了芦苇丛。边喊着技术员的名字，边四处寻找。并没有用太长时间，就找到了技术员。只是这时的技术员，已经停止了呼吸。

技术员掉进了泥沼里。干沟里有好多这样的泥沼。上面落了一层草叶和浮尘，看起来，和平常的地面没两样，可只要一踩上去，就会陷进去。一般来说，只要陷进去，想自己爬出来是不可能的。不少野羊野猪掉进去都活不了，别说是人了。

把技术员从泥巴里拖出来，用水冲干净后。身上一个疤，一块伤，一个小洞也没有。卫生员来看了。仔细看了。看过了，对队长说，是让泥巴给捂死的。

埋技术员那天，全开荒队的人都去了。

马车夫要求抬棺。抬着棺材往墓地走。马车夫的眼泪不停地流。所有人的眼泪加起来，怕是也没有他一个人的多。

明白马车夫和技术员好，可看到马车夫那么哭，还是有些看不惯。全是打过仗的人，经历过不知多少生死。伤心会有，可要哭得一把鼻涕一把泪，不像是我们这些人的行为。

技术员的女人，跟着后面。她穿了一身白。她的脸也像衣衫那么白。整个人看上去像是一块玉做出来的，却坚强得让人想象不到。

一句话也不说。

一滴眼泪也不流。

难道她真的成了一块玉石。大家有点不明白。觉得这女人一下子不是先前的样子了。

十四

按说故事说到这就可以结束了。

技术员死了。修水库的事，只能暂时放下来。等着上级派新的技术员来。队长去场部，让场长臭骂了一顿后，答应新分来的大学生可以给开荒队一个。

成了寡妇的女人，队上不能管。技术员死在岗位上，是烈士。队长找到她，说她愿意离开，给她一笔钱。说她愿意留下，什么不干也行，可以养着她。想干点什么，也行。队里的工作，随便她挑。

女人说，我不走。

女人在门口劈柴禾。

女人挑着水桶去河里担水。

女人说不走。没有人觉得怪。埋了技术员不久。大家见了马车夫，问马车夫，什么时候喝他的喜酒，什么时候吃他的喜糖，什么时候抽他的喜烟。马车夫嘴上不让大家胡说，可听到大家这么说，从来不真的生气。

不光大家这么说。连队长也这么想。见到马车夫，对马车夫说，人家一个人挺难，多去看看，帮着干点事。

马车夫说，她一个女人在家，我去不方便。

队长说，要方便，还不容易。

队长没有去找女人说，让女干部去说。

女干部找到女人，说了马车夫的名字。

女人听了后，没有不好意思，很平静。女人说，让他自己来找我。

女干部眼睛尖，看了女人一会，问女人，你是不是怀上了。

女人说，是老想吃酸东西。

女干部说，哪就更该抓紧点。

女干部对马车夫说，人家说了，让你自己去。

马车夫一听，差一点没笑出来。

女干部说，不过，她肚子里已经有孩子了。

马车夫好像并不吃惊。马车夫说，我不嫌。

女干部转身一走，他就等不及了。换了一身很新的衣服，朝技术员家走去。

走在路上，遇到了老牛。打过那一架后，和老牛关系反而好了。见了面，不但会打招呼，还会停下来，相互递一支烟，说几句话。

一看到马车夫的样子，明白马车夫要往什么地方去。老牛说，你早该去的，怎么等到今天才去，莫把别人等死了。

马车夫说，和技术员那么好，总觉得这样不好。

老牛说，怎么不好，好得很。这叫天意。开荒队能顶技术员那个位置的，除了你还能有谁。

马车夫笑了。说，我算个啥，比我强的人多得很。

老牛说，这样的事，不是比谁强不强。得看有没有缘分。

马车夫觉得老牛说得挺有理。想想和技术员两口子来往的一段日子，发生的所有事情，不用缘分两个字，显然没法解释。

这天下午，马车夫在技术员死后第一次走进了女人的家门。

女人开门。

马车夫走进去后，女人把门关上了。

关上的门，一直没有开。

整个下午门没有开过。

好多人看见马车夫走进去。

这天下午，在那排房子四周，老有一些人转来转去。他们并没有什么事，只是在那里瞎转。他们的目光不由地朝一间房子的门窗望去。明知什么也不会看到，还是会看。

好像真的能看到屋子里边去。天底下是不是有些事，只要发生了，无论多么厚多么高的墙都遮不住。

转过了，看过了，他们凑到一起，说着一些话。这些话有些坏坏的，还有些酸溜溜的。不过，并没有一点恶意。

这时整个开荒队的男人，没有一个不羡慕马车夫。

想等到马车夫走出来，想看看马车夫走出来时，脸上是什么表情。

可大家没有等到。因为天黑了。肚子饿了，要去食堂吃饭了。再说了，就算不去吃饭，也没有必要等下去。因为，就算看到马车夫走出来，也不会看到他脸上的表情。这天夜里没有月亮。黑得厉害。伸出手，看不到五个指头。更别说，要看清脸上的样子了。不过大家并不着急。大家想了一堆话，打算等到天亮时，好好找马车夫说说。可不能让这小子一个人得便宜。至少也得让他说出来一些，让兄弟们一起分享一下其中的精彩。

夜很静。没有月亮的夜更静。

半夜时，一个地方响了一枪。

夜里的枪声格外响。早不打仗了。不会随便有枪声响起。

大家往枪响的地方跑。一直跑到马号。

大家看到了马车夫。

他已经倒在了血泊里，胸口一个弹洞，正汩汩地流着血，一支老步枪，正紧握在他的手中。

马车夫用枪把自己打死了。其实技术员刚死的那一天，就有人把手枪抵住了马车夫的脑袋瓜子。这个人就是队长。队长的手触到了扳机。队长说，你知道不知道你犯了个多大错误，我现在一枪把你打死，你都抵不了技术员的命。当时马车夫一点儿也没有害怕。他说，我知道我没有保护好技术员，你打死我吧。队长说，你以为我不敢呀，要不是看在你对技术员那么好。我真的不会饶了你的。队长没有开枪，他自己却开了枪。别人去给队长报告他自杀的消息时，队长睁大了眼睛，不敢相信。

不用说，他的自杀震惊了营地的人。因为不知道他为什么自杀的原因，这种震惊便更强烈更长久，直到许多年过去，当年的开荒者成了老头老太太，退了休了，没有事干，凑到一起，说到当年这个事，都还免不了要长吁短叹一番。

队长想搞清原因。跑去问技术员老婆。问那天下午，马车夫到她屋子里干了什么，说了什么，怎么回去就不要命了。

那女人说，什么也没有干，什么也没有说。

队长不信女人的话。可女人这么说了，队长也没办法。女人显然什么都不想对队长说。队长进来了，她没有让队长坐。队长问她话时，她也不看队长，一张脸始终看着窗子。透过窗子，能看到一群孩子在玩。

队长并不想马上走。他是队长，在他眼皮子底下发生的事，每一件都该搞清楚。队长不管女人态度怎么样，还是坚持问下去。

问到最后，女人说，他喝酒了，喝了好多酒。

这话是真的，马车夫死了，他的身上还散发着酒味，臭烘烘的。

说马车夫喝了好多酒，队长信。可说那天下午，马车夫和那个女人在屋子里呆了一下午，什么也没有干，什么也没有说。队长不信。不但队长不信。开荒队的所有的人都不信。可不信有什么用。屋子里只有两个人，一个人死了。另一个人说什么就是什么了。

看问不出什么，队长站起来要走。队长快走出门时，女人说了一句话。女人说，他本来可以不死的。

队长问谁?

因为两个男人都死了。他不知道女人说的是谁。

可女人说了这一句后，再什么都不说了。

看来，这世界上，真有些事，是我们永远无法知道的。

埋葬马车夫时，女人也去了。大家想着她可能不会去。可她还是去了。不过她的脸上围了一个黑色的纱巾。有些人想看看她是什么表情，流了眼泪没有。可她的脸让纱巾挡着了，什么也看不到。

大家觉得这个女人的命有点苦。那么年轻，丈夫就死了。这还不算，紧接着，另一个可能成为她丈夫的人也死了。不过，也不是所有人的都为她难过，相反倒有不少人心里暗暗高兴起来。因为这么一来，让不少人有了机会。那女人尽管遭到了打击，可容颜的鲜艳却不曾受到影响。

有想法的男人去找妇女干部，妇女干部又去找那女人。只是在连着去了十几次后，女干部不去了。再有男人来找女干部让她去说媒。女干部说，行了，你就别做梦了。人家说了，再不会嫁人了。

大家听了，并不全信。想着是刚失去亲人，还没从悲伤中缓过来。等到过了些日子，就不会这么说了。天底下，哪有寡妇不想再嫁的。寡妇嫁人，就像天要下雨一样。

有想法的男人中，老牛算一个。老牛没有去找妇女干部。他直接去找那个女人。老牛的嘴很会说。他对她说，会让她过上好日子。还说对她肚子里的孩子，会比对自己的亲孩子还亲。老牛说了那么多话。她只说了一个字。她说，不。

大约过了一年不到的时间，那个失去了丈夫的女人，生下一个女孩。女孩长大了很像她，所以很漂亮。她给女孩起了一个名字，姓她的姓。女孩刚会走她就领着女孩到处走，见了男人让女孩喊叔叔，见了女人让女孩喊阿姨。她的脸还是那样光润，没有一丝旧日子刻下的伤感的痕迹，她领着女孩边走边唱歌，一直走到营地附近的土丘上。那里有两座坟墓，已被青草遮盖，显得生气勃勃，没有死亡的气息游荡。女人有时会在草地上采些野花，放到坟墓前。每一次，女人都会采上两束。在每座墓前都放上一束。

女孩又长大了一些时，她就给女孩讲他爸爸。不知道是故意的还是无意的，她一会儿说女孩的爸爸是个读书人认识许多字，一会儿说女孩的爸爸参加过许多次战斗打仗很勇敢呢，一会儿又说女孩的爸爸上知天文下知地理什么秘密都知道，一会儿又说女孩的爸爸枪打得特别准一颗子弹消灭一个敌人……

女孩指着坟墓说，他们为什么要躲在土包里不出来。她说，他们太累了，在里边休息。

队长让女人挑工作，女人说，我要办个幼儿园。队长说，好，你办吧。不多久，开荒队办起了幼儿园，女人就去了幼儿园当阿姨。又过了两年，幼儿园的孩子到了上学的年纪，开荒队又办起了学校。女人就去学校当了老师。上课时，女人的声音像唱歌一样好听，下地干活的人从窗子前经过，总是会不由自主地停下来听一会。

许多年过去，尽管技术员不在了。可技术员说的话，全变成了真的。下野地像一个小城市。城里有的，这里差不多全有。不过，那个女人，技术员的老婆，一直没有再嫁人。

那年夏天，发生在下野地开荒队的故事，好多年后还有人在说。不过，在讲述那些故事时，却没有人提到那年夏天的那场暴雨。

回望

陈 原

【归乡的路有太多的岔路口。】

——题记一

【野蛮凶悍的工业文明并不能铺下一条归乡的路。】

——题记二

2005年的冬天我是在南方度过的，这些年我已经在南方度过了很多的冬天的日子。在那里我看到了绿色招摇的冬天，看到了花朵骚动的冬天。

故乡的冬天可不是那样。

我不知道你们会怎么想。在2005年的岁尾之际，我特别渴望回到我的故乡去。鲁西那片黄色的土地是我的生命永远无法回避也不想回避的背景。那里有池塘、坯屋，有榆树、枣树还有棉花。但最多的是我对那片土地童年形式和少年规格的记忆。现在我也走过了很多的地方，但我还没见过比那片土地上的冬天更美的冬天。裸露的大地上显露着很多神秘而坚挺的器官。腾空了的原野几乎可以被一只鸟的飞翔震颤。我们可以想象是什么组合了我们记忆中的冬天，北风呼啸中枯草的娇艳，枝杈间游走的月亮的静谧，场院上觅食小鸟的灵动，灶膛里火焰摇动的失真，还有平原上那么大的雪、那么长的夜、那么瘦的路、那么硬的冰、那么多的柴火和白菜，现在想来是多么的美丽和刺心。但袖管上鼻涕的印渍、眼角的眵目糊、飞絮的棉裤棉袄、露脚指头的鞋就不美好了吗？记忆中的村庄完美得令我们无法挑剔。

回乡的路程我在脑子里走了无数遍，曾经在哪里拐弯、在哪里喝水、在哪里买过几个包子、在哪里问路、在哪里缓解内急，现在它们都成了归乡的路标。但我最终还是没有回去，也许会说工作忙，也许会说没有机会，其实是我们的心里有个弯，我们在那里拐了方向。其实故乡已经不是地理位置，而是一个心理位置。——是心里的一个痛处，是心里的一个醒处，是心里的一个痒处，是我们逃离现实之后的一个归处。

但就在这个时候，朋友送来了他将要付梓印刷的书稿，并嘱我为其写点文字。朋友的看重再次瓦解了我内心的拒绝。但连续地为几个朋友写这样的文字，我自己都感觉把自己写老了。——是不是以后该留山羊胡子了？

客观地讲，读朋友的文字并为其撰文，某种程度上满足了我对归乡的渴望。这也是意义所在。是的，面对今天的故乡，我们有太多的感慨。

美国作家福克纳曾经把故乡喻做一枚小小的邮票。有过乡村经历的人在人到中年之后会思念自己的故乡，这几乎是人生的一个定律。“鸟近黄昏皆绕树，人当岁暮定思乡”，思乡成为人生后半程最重要的营养。

只需稍做调整，我们的目光就能和大地的目光重叠。他面对故乡时是一个细致而耐心的人。他的文字质朴、简捷，没有调料。他写作的姿态和故乡是平行的，所以他把经历过的、记忆中让他不能忘怀的东西稍做梳理就流到了纸笺上。他的文字是内敛的，不会像老酒那样浓烈地冲撞你。在他的文字里是不能去寻找意义的。他给我们提供的是片段，是场景和特写。我们可以调动自己的阅历，去丰满我们对乡村更丰富的内涵。生命在远行，也在回望。

在我们的国度，乡村这个最基本的单元是很特殊的，它是那么小，但它又覆盖着我们的每一寸土地，构成了我们的国度和民族。我们是一个有着几千年农业文明的国家，有着很深厚的灿烂的民俗的积淀。民族差异、文化差异、信仰差异、地域差异以及一切差异造就了我们异彩纷呈的民俗文化。当我们大踏步地向着现代文明进发的时候,这些维系着我们血脉的文化,以及承载着这些文化的乡村正在被我们远远地甩在身后。也许物质和科学有先进与落后之分,而文化是没有先进与落后之分的,只有积极与消极、精华与糟粕之分。没有文化,一个民族的形态是不存在的。但今天,我们在发展物质文明的同时付出的文化代价就像我们付出的资源代价一样巨大。今天的村庄与我们记忆中的村庄相比已经变得面目全非。对于今天的村庄我们需要修补和继承。我心里始终有个声音:我们的村庄需要拯救。

斯坦贝克说,我们已经回不到我们的村庄了。

幸亏我们有文字,幸亏我们有很多的人在用文字和心灵记忆着我们的村庄。在那么多朴实的文字里我们看到了挂在屋檐下的红灯笼,看到了村头的老柳树,看到了走在岁月里的虎头鞋,看到了农家的收获,看到了深秋的藕塘,看到了石碾和石桥。即便是一声乡音浓重的"豆——腐了!"的喊叫声,不也一下子勾出了我们怀旧的胃涎吗!

我想,如果我们寻找完美的生活的话,我们可以去寻找金钱的生活、权利的生活、物质的生活、华丽的生活,这样的生活最接近完美;但如果我们去寻找完美的人生,我认为艺术的人生是最接近它的。

我在另一篇文字里曾经说过,我们不能只给子孙留下水泥、金属、电脑、纳米,我们还应该留下在我们的文字和血液里流淌的文化。

还有我们在这个时代留下的心灵的痕迹。

陪 客

海 佛

一

回忆里的童年是诗意的，是梦幻般的温暖，当我经过沧桑之后再次走入那块产生童话的故土，诗意的梦幻不见了。

六月九日是我母亲的祭日，我早早起床，就到乡下给母亲上坟。上完坟还不到晌午，就坐机动三轮车颠簸到了表哥家的大门前。一个偏僻乡村的门口长着老梧桐树的家门前。

大门朝东，紫红色的大铁门上了锁。过去低矮的土墙草房不见了，一座小楼拔地而起。此时能够唤起我童年时记忆的就是门口左边的梧桐树，它还坚挺地活着，像依稀还在我梦中出现的姥姥的佝偻身影。梧桐树很老了，枝干上却还生长着绿色的叶子。门口的右边却是我少年时的小伙伴，一个老旧的碓窝子，它卧在门旁，形状似笨重的勺子形状。碓头也是过去的，只是碓头上的木把换成了新的。我走到了堆窝子跟前，用手拎起了碓头。我想象着每次来姥姥家跟表哥一起来舂粮食的情景。我手握碓头，舂了几下，感到非常惬意也非常亲切。忽然有苍蝇和毛虫落在了我的脖子上，落在我的胳膊上。我用手把它们撵走。我再次感到了农村的邋遢。我抬头望着高大的梧桐树，毛虫是从树上下来的。我用手抚摸着，就坐在勺子把的石面上。闭上眼睛，回想着小时候经常跟着母亲来走亲戚，我母亲跟我舅舅、妗子还有本家邻居，有说不完的话，我跟着比我大十来岁的表哥，就在门口的梧桐树下的堆窝子边玩，还往堆窝子里撒尿，然后就往梧桐树上爬，爬到树杈上……

表嫂的笑声使我从回忆里走出。表嫂挎着粪箕子，粪箕子里盛着黄瓜、番茄、辣椒、甜菜。她无声地走到了大门前，看到是我，突然笑着叫了我一声，老三，怎么是你，稀客啊。是一个弱小的女人，比几年前见到的表嫂缩小了。我想是年龄的问题吧，再加上又挎了粪箕子，弯了腰，就变成了今天的样子。她下身穿着黑裤子上首穿着蓝褂头，脸上又多了皱纹。我也站了起来，跟表嫂客气地说话。

今天是母亲的祭日，是坐城里的早班车来的，给我父母上坟，上完坟，我就来您家走亲戚。好几年没有来了，你们家都盖起了大楼，听说两个侄子都很有出息。两个孩子都没有上高中，毕业了就到外地打工，两个孩子长的好，也很争气，都谈了女朋友。

表嫂是个老实巴交的妇女，跟我说话，忘记了开大门。说完了紧要的话，才想起来开大门。开了大门让我进去，然后，她把粪箕子放下，对我说，老表，你到堂屋坐着，我去叫你表哥去，他早就从地里回来了，在路上跟会算卦的厉海洋瞎扯呢。我知道那个厉海洋。表哥也姓厉，厉海洋是他本家的侄子，年龄却比表哥还大。我舅舅在世的时候，他是经常来串门的。

表嫂到村口去叫表哥。我在堂屋里打量着表哥新盖的楼房，在为表哥欣喜之余，马上猜出了他的家境不是很好。楼房上下四间，水泥色的房子，盖好一年多了，还没有来得及粉刷、装潢。表哥也是没有多大本事的人，只会种地种菜。业余时间喜欢跟几个算卦的人混在一起，学会了江湖人生，懂得了自在哲学。他时常挂在嘴里的一句话就是有钱没钱，活得自在就行。

我站到了堂屋门口的走廊下，想着舅舅、妗子在世时的生活场景。

老表的声音从大门外欢快地传了过来，来贵客了，三老表来了，听说当大作家了，发大财了……

表哥长着一对地包天，小时候我们都叫他妈妈嘴。不仅会说，并且说话的声音就像老妈妈唠叨的声音，稀溜溜的，也是我们小时候取笑的对象。

表哥走在前面表嫂走在后面，进了院子里。夏天，到了中午，天就很热了。表哥细高个子，穿着对襟的兰褂子，敞着怀，露着肚皮，他的嘴巴是地包天，他的笑容就很别致了，下牙床的黄牙成了猪八戒九尺钉耙的耙钉。表哥表嫂都五十多岁了，但他们的衣服和形态还保留着上个世纪七八十年代的特色，朴实的农民。

我跟表哥没有握手，也没有客气。只是举手打着招呼，直截了当地说话。他说话带着表演的手势，挥舞着双手，抡着圆圈，喜笑颜开。没有逻辑也没有条理地问这问那，边用调侃的口气跟我开玩笑。他说，老三，听说你发大财了，当大作家了，你也看不起你表哥了，来跟俺姑娘（苏北方言：姑妈）上坟，也不顺路来看看我，你舅舅你妗子不在了，也不来了，还想断亲不成？

虽然是玩笑，但是话题很沉重，我听了很惭愧。老舅、妗子不在了，我来的确实稀少了。不是我不想来，也不是我发财了看不起穷亲戚，而是我也混得也不如意，也许是因为写作有点虚名罢了，是很无用的虚名。我跟他们是解释不清楚的，只能说，我没有发财，也就是出版了几本书而已。

那还不行，出版了一本书够你吃一辈子的。你看人家赵忠祥出版了一本书，听说挣了几十万，你就是拿人家一半，也够你吃多少年了，我们种地的一年累死累活，才挣几个钱？

表嫂在锅屋边开始摘菜，她也跟着起哄，跟我开玩笑，说，老表你别瞒了，俺不问你借，看你又白又胖的样子，一点都不显得老，像个穷人嘛？你看看你表哥你看看我，天天下地，都老成什么样子了。

说的我愈加发穹穷迫了。我只有用苦笑来面对。

还时表嫂提醒了表哥，她说，快晌午了，跟老表弄什么饭吃？

表哥突然想起了什么，对表嫂嬉笑着说，你做饭你自己吃吧，我去请人来陪老表，老表是来跟咱姑娘上坟的，今天又是咱姑娘的祭日，我做表哥的得好好招待，不然他就不来咱这个穷亲戚家了。

说着一溜烟地跑了出去，我哎哟地叫了两声，想制止表哥，却被表嫂劝阻了，她说，你表哥说了，你好几年没有来了，不能让你吃不好喝不好。

表哥表嫂如此客套，让我很难为情。

二

表哥的村子是苏北北部地区最普通的村庄，在夏天里，村庄就显得更加低矮，散漫。好在从村子里凸起的几座小楼，明证着时代的微弱气息。

村子前面的马路边有几个饭店，其中一家叫鸿运酒店很气派，生意也好，菜饭也有味道。表哥就是在鸿运酒店宴请的我。作陪的是本村最有头面的村支书和村长。另外一位是表哥的朋友，会算卦的厉海洋，还有另外一位连表哥都不熟悉的小厂长，是跟着村支书一起来的，是村支书的朋友。一桌共六个人。村支书指示圆桌的席口空着两个位置。

我们在一间很雅致的包间里喝酒。中午的天有些热了，房间里开了空调。表哥征求了村支书、村长的意见，点了套菜。

菜还没有上来，女服务员给我们倒茶，我们喝茶说话聊天，等酒菜上来，就开始吃饭。

是厉家的外甥回舅舅家的，是我们村的外甥。这是酒桌的主题。

表哥把我介绍给了村书记和村长，包括也叫我表叔的有六十岁的厉海洋，他们的话题转移到了我母亲的身上。都称呼我母亲，有的叫姑娘，有的叫姑奶奶，说我母亲是个心善的人，从我母亲又说到了我舅舅一家人。我成了他们村的外甥，好像他们跟我表哥是一家人，我是客人了。是啊，他们都是来陪我这个外人喝酒的。

最兴奋的是我表哥，虽然他没有什么地位，却很会说话也很会说笑话，他那地包天的嘴巴，就是说话的最好机械。他家长里短地说个不停。他夸奖我，在那么多老表中，只有我学习最好，上了大学，在国家机关工作，出了好几本书，如今是大作家了。在这种场合，我是不能反驳的，就让表哥自豪一次吧。我哪里是什么国家机关人员，只是在一家国企小单位的机关干过。

来陪客的人看了我的面相，也就真的相信了。村支书和村长也都是胖乎乎的，啤酒肚挺着，面色却是黑不溜秋的，我呢，白白胖胖的，显得很富态。他们一看我就知道我是风不打头雨不打脸，让老百姓羡慕之极的，坐办公室的文人。

哦，我得叫你三表叔了，三表叔现在是人大代表还是政协委员？

村支书坐在上首主陪的位置上，不紧不慢地喝着茶，盘问我。嘴上是甜蜜的，姿态还是有些傲慢。这就是做官人的做派，我见得太多了。

我喝着茶，也就模棱两可地回答他们，作家不能当人大代表，只能进政协，我几个作家朋友都是市政协委员，每一届政协要分配给作协几个名额的，我有可能下届进政协。

我也是吹牛的话，为自己的脸上贴金，也是为我老表装脸。不然，人家是看不起我的。我老表，还有厉海洋，跟着起哄，说我就是政协委员，不要谦虚了。后来喝酒，就把我当成了政协委员，国家机关人员，著名作家了。

酒菜端上来了。喝酒开始了，按照当地规矩，门前三杯酒之后，陪客们都来敬我酒。名词上是敬，其实就是找我喝酒，要把我灌醉。我喝酒脸就红，声明了自己的酒量不大。没有等我分辩完，我表哥就打岔了，说老三，你多少年不来了，怎么着也得带点酒意，喝醉了就不走。是啊，那些敬我酒的人，更不客气了，说着好听的词儿，让你把酒喝下去。盛情难却，我也就豁出去了，醉吧。

酒杯是半两的。我估算着，这个酒场下来，我非得大醉不可。我就小心，尽量留量。

村支书给我敬完，其实他没有站起，也就是右手举起了手里的酒杯，说了句，三表叔，我来敬你。我们喝干了两个酒，然后就到了村长。村长是个年龄大的人，很少说话，显得城府很深。轮到他敬酒了，却说了好多客套的话，他叫我三老表。说他家跟我舅舅家过去是世交，你母亲我叫姑娘是看着我长大的，从小对我可好了，你大哥二哥我都认识，我跟你二哥现在是经常喝酒。是那么亲近的亲戚啊。如此轮番对我敬酒，连那个我表哥不太熟悉的小厂长，也向我敬酒。客套几句，我们就干了两杯酒。

那么激烈的喝酒法，让我脸红了，酒意上来了，要是再多喝，非得醉酒。醉酒伤身，伤了身子也不可怕，可怕的是出丑。当场吐酒，有的发酒疯，有的钻进了桌子底下。

他们可能看我真的不胜酒力，就转向了内战。让我喝茶，吃菜。我一口气喝下了三杯茶水，肚子里的茶水与肚子里的酒精混合、稀释，酒劲变得小了。我才慢慢缓过气来，吃了几口可口的菜肴，感受着酒桌上的气氛。

酒桌上有我表哥和厉海洋，这两个人能说会道，酒喝的不多，却把酒场气氛给搞活了。村支书和村长也不再拿架子，开着玩笑，推杯换盏，现出了农村人的粗犷，他们喝酒大呼小叫，把杯子碰得很响，才把酒喝下去。

我猜想，表哥请来的陪客，是表哥以后炫耀的资本，看看呐我表弟来了，我是请村里的头头们陪的客，多有面子啊。

先上的是凉菜，接着上烧菜，最后上炒菜。烧菜是喝酒的高潮。上烧菜的时候，酒场就达到了高潮，这个高潮是出乎我的意料之外的。

服务小姐端上来红烧东坡肘子和红烧鳝鱼时，从门外进来了两位客人。我不认识，我的目光瞟着他们，是一男一女。他们穿着打扮都很帅气，都很年轻，女的很标致，穿着绿色的汗衫，白白的脖子上挂着金项链，她搀扶着一个年轻的男人，男的白白胖胖，团头大耳，光头上长出一层黑色的短发。

他们的到来，让桌子上所有的人都发出了唏嘘声，所有的目光像舞台上的灯光聚焦他们的脸上，连村支书和村长都站了起来，指着席口的两个位置，让他们坐下。

又是哪里来的贵客?难道是来找村支书，顺便吃午饭的?还是表哥请来的客人? 我心里狐疑着。

我表哥和厉海洋坐在一起，也在低头嘀咕，然后又看着村支书和村长，似乎有话要说。

村支书是主陪，代表了我表哥做东，他首先向女人介绍了我，著名作家，市政协委员，国家机关干部，前来我们村调研的。酒桌上也就介绍我一个人。

女人不仅漂亮，而且气质很好，面带傲气。听了村支书的介绍后，她柔和的目光落在我脸上，点了一下头，然后就把目光对着了村支书。他们对视了目光后，点了一下头。女人很大方，坐下后就拿起了筷子，挨个品尝各个菜的口味。有的不好吃，脸上现出了鄙视的神情，把菜丢在桌子边的小碟子里，好吃的就满意地吃了下去，还夹了菜送到身边的男人嘴里。男人也会表现出满意的表情，嚼着，咽下去。男人一直没有说话。我注视着男人的目光，一双大羊眼，似乎很呆板，很端庄地坐着。这个傲慢的女人是什么身份那么随便呢?

待那女人品尝完了所有的菜后，就把服务员叫到了身边，亲自点了两个菜，叮嘱她做东坡肘子时，要加冰糖的，红烧鳝鱼不要带头的。服务员很乖巧，用笔记在账单上，就转身出去告诉了厨房。

村支书终于发话了，他很客气地问女人，开始吧。女人喝口茶，又喂了一口身边的男人一口茶水，放下了茶杯，环顾酒桌上的人，目光在我脸上停顿了一下，才回答村支书，嘴里轻声地说出了两个字，开始。

于是就开始了。我惊异地注视着他们的开始二字后面的开始行为。

只见女人抓过来酒瓶，往自己的酒杯倒满了酒，转脸对着男人，左手端酒，用右手的食指和中指沾了酒，开始往男人的嘴唇、鼻孔上涂抹。高度白酒的刺鼻气味在酒桌上弥漫开来。我隔着桌子，都闻到了酒香。

女人一次次地把酒滴抹在了男人的嘴唇里，鼻孔里。刺鼻的酒精味道，刺激了年轻白胖的男人，男人终于打了一个喷嚏。在打喷嚏之前，现出了齉鼻子的难受表情，女人及时地掏出了手绢，在男人打喷嚏的时候，用手绢给包裹住了。

如此及时，如此艺术。我敬慕于女人的魔术般的手法了。

女人收了手绢，装在下身的口袋里。就站了起来，左手端的酒杯倒满了酒，交给了右手，右手上下左右运动了一下，左手应和着右手，拍着男人的肩头，轻声说了句张嘴，身边的男人很配合，就张嘴了。俊俏的女人就把杯子里的酒猛然地泼向了男人的鼻孔。是从下斜着向上泼出去的，暴风雨般地灌进了男人的鼻孔里。飞溅的酒滴子，溅落到了脸颊上。晶莹的酒滴子往下滚落，有的进入了男人的嘴巴里，有的顺着嘴角流到了下巴，又像屋檐下的雨滴，晶莹地往下滴落，女人的手绢又及时地给接住了。

烈酒进了鼻孔里，猛烈的刺激。男人齉着鼻子，张着嘴巴咂着酒精，终于发出了惊异的声音，酒。

女人笑了，酒桌上有了喝彩声。最先喝彩的是村支书和村长，他们相互看着，就像诞生了吉尼斯世界纪录一样高兴，我表哥和厉海洋也跟着喝彩，他们兴奋地低头私语，说出了成功的词语。我不知道是怎么回事，但从表情上来看，就好事，也就跟着喝彩。

我的喝彩跟他们不同，我只是钟情于女人残忍的艺术手段。不，不是手段，是绝伦的行为艺术，女人泼酒的姿势，就像舞蹈的舞娘的绸带那么秀美，又像舞剑的剑客姿势曼妙。

女人及时倒满了杯子，端起来，给男人喝了下去。男人接着说出了，好酒。

酒桌上的人更高兴了。我对此就莫名其妙了。

女人轮番给男人喝了三杯酒，夹菜给男人吃，男人好像清醒了过来，真的像电影里的《古今大战秦俑情》里复活的木乃伊，立刻脱胎换骨换成人了鲜活的嬉皮士，跟上春晚的小品演员一样逗笑卖乐。只见他端起了酒杯，自斟自饮。如此喝了几杯，酒精遍布全身了，又吃了女人夹的菜，浑身充满了活力。

女人不再搀扶着他，而是引领着他离开了酒桌，走到村支书跟前，把村支书的酒杯端起，交给了男人，说这是咱的父母官厉大叔，你是熟识的。

男人点头，双手端着酒杯，高高擎起，跟村支书劝酒，声音柔和充满感情地说：喝了我敬的酒你定会得三高，哪三高，不是高血压也不是高血糖更不是高血脂，喝了我敬的酒，你就会高禄、高寿、高兴，钱财是身外之物，生不带来死不带走，高禄不如高寿，喝了我敬的酒，你定能活九十九，生命诚可贵，今天价更高，高寿不如高兴，今天就要喝个痛痛快快的高兴，什么事一高兴了，你就懂得人生了！

劝酒词如此娴熟。村支书挺着啤酒肚，脸上笑着比高兴还高兴的得意，乐呵呵地接过酒杯，仰脸下肚了。身边的女人接过酒杯，倒满了，交给了男人端着。村支书客气地说，刘秘书我们同干一杯。端过来我表哥的酒杯交给男人，要给那男人同喝。女人有点撒娇了，劝阻村支书说，大叔，他的酒量也不大，明天镇领导还有酒场呢？我都安排不过来了。

村支书表示理解，不在坚持跟男人同喝，把酒杯还给了我表哥。女人拍了男人的肩头，端酒的男人开始给村支书劝第二杯酒了，他说出了豪迈的劝酒词：酒壮英雄胆，今天不服管；酒是粮食精，越喝越年轻；领导夹菜我转桌，领导上听我自摸。感情深，一口闷；感情浅，舔一舔；感情厚，喝不够；感情薄，喝不着；感情铁，喝出血……好。酒桌上的人都跟着喝彩了。村支书接过了酒杯，一仰而尽，把酒杯朝下，滴酒没有了。展览给众人看，说明自己是个爽快人，也说明喝得高兴。

我越来越感觉这不是喝酒，而是演出了。我好多年没有来乡下了，对于眼前的情景没有多想，只是感到新鲜和惊奇。民间的故事或者是酒文化吧，就是有滋有味。在我思想的时候，女人与男人到了我身边，开始劝我喝酒了。

女的向男的介绍说，这位先生是市政协领导，著名作家。倒满了酒杯，让男人端着，男人又是高高地擎起，高过了头顶，又放下了，就背出了劝酒词：会喝一两的喝二两，这样的朋友够豪爽；会喝二两的喝五两，这样的同志要培养；会喝半斤的喝壹斤，这样的哥们最贴心；会喝壹斤的喝壹桶，回头提拔当副总；会喝壹桶的喝壹缸，将来肯定是老总……

酒桌上的人又是喝彩，我表哥和厉海洋的声音最响亮。我接过酒杯干了。我内心的惭愧被酒桌上热闹上的气氛所掩盖，我是冒充的官员，我是骗子啊。我喝干了一杯，女人又倒满了，让男人端着，敬到了我胸前，说出了让我肉麻的敬酒词:激动的心,颤抖的手,我给领导到杯酒,领导不喝嫌我丑;领导在上我在下,您说几下就几下。

这是模仿女官员声调啊。像演出一样,又博得了喝彩声。我把酒喝了下去,也把酒杯朝下,空不出酒滴来。我对这民间的酒文化有了极大的兴趣,就像现在乡村实行替人哭灵一样,谁家死了人,出殡时请来了吹喇叭的班子,就有民间艺人穿上孝衣,模仿雇佣者的身份哭灵,艺人把哭和艺术完美地结合在一起,就有了民间艺术表达。

敬完我,又敬了村长,又敬完了小厂长,女人领着男人要坐回位置上时,村支书发话了,指着我老表说,今天他是东道主,市政协领导是他亲表弟,得给他一点面子,就一杯吧。女人看不起我表哥的意思已经挂在脸上了,村支书发话了,女人就牵着男人来到我表哥跟前,端起了我表哥的酒杯让男人端着,向男人介绍说,这是咱本村的表叔,也是市领导的表哥,给他个面子,敬他一杯吧,只敬一杯。男人很听话,举起了酒杯,背出了血性的劝酒词:男人不喝酒活得像条狗,男人不抽烟活得像太监,东风吹,战鼓擂,今天喝酒谁怕谁?万水千山总是情,少喝一杯行不行?要让客人喝得好,自己首先要喝倒!我表哥欣喜无比地接过酒杯,干了。自己还不过瘾,倒满了酒杯,就近拿过白胖男人的酒杯,端起,两人碰了杯子,却被女人给阻拦了下来。她不满从白胖男人手里夺过酒杯,瞅着表哥,埋怨地说,表叔,他要是喝多了,到家就得大睡几天的,明天镇领导还有酒场呢。我表哥态度好,乐呵呵地说,我敬你们夫妻,我谢谢你们给我面子啦。女人很通情理,就端着男人的酒杯,给我表哥碰杯喝酒,我表哥干了下去,她却没有喝酒,手里的酒杯还在端着,就把酒倒在我表哥的酒杯里,然后碰了我表哥的酒杯,说了句,我敬你表叔。我表哥只得跟她同干。女人也就意思了一下,接着一手端杯,一手抓着白胖的男人回到了座位上。

敬酒就此结束了。只有那个叫厉海洋的,年龄最大,没有被敬酒。他把意思提了出来,可是村支书没有发话,人家也就没有理会他,他只有尴尬地苦笑。

敬完酒,女人领着男人就出去了。表哥也跟着送到了外面。女人问服务员要了她事先点的东坡肘子和红烧鳝鱼,用塑料袋提着,走出了酒店。

我看着他们的背影,我猜想到了这一对男女是民间艺人。我想起了在我们市里晚上吃烧烤时,就有吹萨克斯的人来伴奏,自然也要收钱的,一曲十元。

表哥送走了他们,回来继续喝酒。再喝,已经没有那一对男女在时的兴奋了。又喝了几杯,吃了饭,就散了酒席。表哥和厉海洋在后面,表哥结账后,与厉海洋一起把剩下的饭菜打包,带回家。

我跟着村支书、村长先出来的,走出了饭店门口,就要分手了。我们都有了醉意都面红耳赤,村支书跟我握手告别,他拍着我的肩头,小声说,作家,今天要不是你表哥哀求我,你不会有这么大的面子,你表哥厉洪富是个老实人,从来没有求过我。

说完,又拍着我的肩头,坐上了跟他来蹭饭吃的小厂长的轿车,走了。村支书说的话,让我目瞪口呆。我站在烈日的阳光下,酒劲上来了,我忍受不住就吐酒了,酒菜难闻的气味,刺激着我。

我感到天旋地转,我也像个陀螺在旋转。

三

当我从表哥家的堂屋沙发上醒来,浑身都是汗水。我是热醒的。

我起来去了厕所后,到院子里用凉水洗脸,就醒酒了,虽然头还有点疼。

太阳高照在院子西边的上空,挥洒着炎热的光芒。

我表嫂没有睡午觉,在门口过道的阴凉下还在不停地忙活。家务活对于女人就像无穷无尽的时间一样,忙不完的。我想喝茶。我马上就想起来了,他们家是没有茶的。开水瓶放在堂屋最北墙角,根本不烧开水,过去我来过,都是表嫂现烧,现喝。我就到了院子里拿起了瓢,舀沙缸里的凉水喝。夏天喝凉水,不感觉到凉。喝下去,感觉很清爽的,但是不能多喝,多喝了就会坏肚子。毕竟不是年轻时候了,到了中年,自己的脾胃就经不起又辣又寒地刺激了。表嫂见我渴了,就去了锅屋烧开水,点着了煤气坐上了水壶,又拿出来上午摘来的番茄、黄瓜。洗干净后,放在盘子里,端到我跟前,让我吃。我也怕热,吃着黄瓜,走到了大门口外,又坐在堆窝子上,有阴凉的地方,跟表嫂聊家常。

听到我们说话,表哥从堂屋里的西间屋子里走了出来。他也睡醒了午觉,我知道他是很少喝酒的人。今天喝酒了,还没有醉,可能是高兴的原因。他去了趟厕所,到了水缸边,舀了水,洗脸后,也来到了大门口,站在阴凉处,跟我说话。他光着上身,下地的兰褂子搭在肩头上,从我跟前的盘子里拿起一根黄瓜,吃着说着话。他跟着江湖人物学得了好口才,天南地北地说个没完没了。总之,他对于今天的陪客，是非常自豪的。

我们简单说了几句话，我就把话题引到了我想知道的事情上来，我对今天的陪客很好奇。当时在酒桌上我没有好意思问他，喝酒出来时村支书跟我说的酒后真言，“今天要不是你表哥哀求我，你不会有这么大的面子，你表哥厉洪富是个老实人，从来没有求过我。”

现在没有外人了，我就可以直言了。我问表哥，中午那个陪客的，你们都叫他刘秘书，还有那个女人是怎么回事？他们是不是专门干陪酒生意的？

表哥是站在大门口，也是巷口的显眼处，他咬了一口黄瓜嚼着，嘿嘿笑了，得意地摇头说，老三，你今天真是有面子了，你表哥我也有面子了。那个刘秘书，可不是一般的人，一般的人是请不动他陪客的。他媳妇不是说了吗，明天还要陪镇领导喝酒呢，我是草木之人，哪能请动人家？俺村里能请动的只有村支书，我从来没有找书记办过事，我就求他了，我说我老表从城里来给俺姑娘上坟的。你猜怎么着，村支书正在跟人家谈话，也就是点了一下头，也没有怎么搭理我。我到了他跟前，打断了他说话，对村支书说，俺老表是作家，是国家机关干部。村支书才认真了，知道你是有身份的人，才认真对待的。村支书看着我出神，然后遗憾地说，他今天也有客人，就怕不能给我陪客了。要不是你表哥的嘴巴能说会道，还真的没有希望了呢。我看他有客人，我就机灵地就对村书记说，今天我请客，你的客人也是我的客人，我老表也就一个人，一桌吧。村支书就点头了，对他的客人说，就一桌吧。指着我说，这是我的表叔爷们，也不是外人，他从来没有求过我，他的老表从城里来给他姑娘上坟了，我们作为舅舅家的人得好好招待我们村的外甥。村支书才给刘秃子家打了电话，接电话的就是那个女人叫大梅，大梅是刘秃子的儿媳妇，刘秘书的媳妇。大梅知道村支书有贵客，也就答应了。才让刘秘书来陪客的，一般的人，真是请不动的。

我表嫂在过道门口，听了，也是偷笑，口水顺着嘴角流了下来。我表哥看见了，更加自得了。

我让表哥说得更详细一点，刘秃子刘秘书是怎么回事？

其实我不问，我表哥也会向我介绍的。表哥说，哎，老三你不知道吗？来敬酒的那个刘秘书，真名叫刘一青，是村西头桥头边开商店刘秃子的儿子。人家说十个秃子九个能一个不能上天去日龙。刘秃子的脑子就很好用，他儿子上学非常好，考上了大学中文系本科，毕业后就分到了中学校教书，三年不到人家又考上了公务员，到县里当了秘书。正好，调来了一个县长，是他过去的老师，一下子就成了县长的贴身秘书。刘秃子的儿子刘一青马上提升为正科级秘书，每次回家都是小轿车接送，风光死了。俺村的人谁不敬仰谁不羡慕。

表哥说着拍着手，像说评书一样在表演时，从梧桐树上掉下来一个毛毛虫，落在表哥的脖子上，他哎哟了一声，用手拍着自己的脖子，把毛毛虫拍蔫了，绿色的难闻的气味，表哥就用肩头的褂子擦擦。好在我坐在门口的堆窝子上，梧桐树掉下的毛毛虫掉下，不会落在我的身上，但是，那可恶的苍蝇却会飞来，嗡嗡地围着我叫，然后落在我身上，我也只有用手把它赶走。

毛毛虫没有阻挡表哥的兴致，他继续说，谁知道天有不测风云，县长跟县委书记不对乎，死操蛋。县长因为经济问题被双轨了，刘秃子的儿子也脱不了干系，都知道他是县长的心腹，就要审问他。这孩子被关押在一个地方，他的主人倒霉了，公安局的就用电棍电击他让他交代问题，他胆小怕事，被电棍电击，一下子就失去了记忆。几乎成了植物人。他刚谈好的对象也就散了。他没有交代什么，别人也没有咬出他。就把他送回了老家，由刘秃子来养这个憨儿子。

我也跟着表哥进入了故事里去了。表哥真的像说评书的，眉飞色舞手舞足蹈。他说，谁知道人有旦夕祸福，天有不测风云。两年不到县委书记因为卖官倒霉了，被抓了起来，县长就清白了，又出来工作，成了一把手的县委书记。如今的县委书记是刘秃子儿子的老师，人家很念师徒之情，知道刘一青为他遭罪，还没有出卖他老师，他老师很感激，就派县委办公室主任来刘秃子家看望刘一青。我们镇的党委书记、镇长大小官员都跟着来了。县委办公室主任是代表县委书记开看望他的，知道了刘一青失去了记忆，无法再工作了，就指示镇领导，要对他家多关照，他是有功之臣。县委办公室主任回去后，刘一青的儿子又交了好运，恢复了他的正科级干部身份，享受正科级待遇，就在家养着，到老死。镇党委书记才是正科级，他跟镇党委书记都是平级的了，一个月什么不干在家领两三千块钱，逢年过节还有过节费，多自在啊，我们忙碌一年才弄几个钱，连人家的一半也不到。这孩子的命就是好。

表哥在巷口的显眼处说话，引来了附近的邻居。是一个头发花白，腰有点驼背的老女人。她穿着青色棉褂子，到了梧桐树下，蹲了下来，用羡慕的眼光瞧着我表哥。我表哥对她的到来满不在乎，还在继续着他的讲话。

这孩子也老大不小了，有三十岁了，还没有成家。他倒霉的时候没人看得起，县委领导来他家之后，他就成了红人，一个月开两千多块钱，好多人就眼红了，争相跟他提亲，要跟刘秃子作亲家，门槛子都踏破了。刘秃子又牛逼了起来，他看不起那些门槛子低矮的人家，来提亲的走后，刘秃子的媳妇就在商店发牢骚，骂骂咧咧的说话，谁谁家的闺女也不照照镜子看看是什么玩意儿，还想做我儿媳妇，什么德行？刘秃子跟卖猪肉的邵二毛子关系好，两人能聊到一起去能喝到一起去。刘秃子的商店卖熟菜，邵二毛子经常就把猪下水卖给他，没事的时候，两人就在商店喝小酒。邵二毛子也是个势利眼的人，想的是钱。刘秃子的儿子刘一青倒霉的时候，邵二毛子没有提亲，刘一青一个月开了两千多块，是正科级了，县委书记又是人家的老师，邵二毛子的眼睛红的就跟女明星来月经一样。他给刘秃子送猪下水，也不要钱了，天天请刘秃子喝酒。喝了几次之后，就把心思说了，说自己的大闺女大梅已经二十多了，长的是天仙，现在在镇里跟人家学裁缝，如果他们哥俩成了亲家，大梅会照顾好刘一青的。刘秃子就跟自己的媳妇商量了，他媳妇要求先看看大梅，又打听了大梅谈没谈对象。看了大梅，长得很标致，也没有谈对象。两家大人就做主，就定下了这门亲事，听说两个孩子都没有相看，就结婚了。

表哥在说话的时候，又有北边的两户人家的男女走出家门，聚集到了表哥身边。都是种地的邻居。其中一个矮粗的男人打断了表哥的话，直接问道，洪富，听说你中午很风光，刘秃子的儿子给你敬酒了。另一个中年妇女羡慕地问道，是啊，你真有面子，刘秃子的儿子，正科级干部都给你敬酒了。我表哥只是笑，我表嫂却说话了，还不是俺老表来了。

我表哥不失时机地介绍我说，我表弟是大作家，是政协委员。说的我汗颜无地。不能赞同，也不能让表哥丢脸。我就装一次假吧。我跟那些有名的作家一样不要脸了，在名片上还要写上国家一级作家。这个世界没有真实的。

他们都把目光聚焦在我身上，知道我是厉洪富姑娘的三儿子，都是用羡慕的目光看着我。

我表哥是话题的中心。来他门口的邻居，像听书一样，找个地方坐下了，听我表哥手舞足蹈地演讲。

他继续说，当初大家都以为刘秃子的儿子是个傻子呆子，无用。就是国家拿钱养他。谁知道他还有劝酒的绝活，又让刘秃子有了发财的机会。人家看了刘秃子的老祖坟，是个好风水之地，能发大财，刘秃子家就发大财了。

刚说几句，中午一起陪酒的厉海洋，穿着白色的汗衫，端着大玻璃瓶子似的茶杯，拿着小凳子，从巷口外走了过来。坐在巷口中间的阴凉处，跟我表哥说话，也跟我打招呼。他用羡慕的表情说，洪富叔是沾了三表叔的光，咱们村里人都知道正科级干部刘一青给你陪客了。

我表哥哈哈哈笑了，打断了他的话，对身边的看客说，我老表是大作家，想听刘秃子家的故事，我得给他说说，他说不定还要写出一个电视剧呢。

几个看客啧啧地赞叹，能拍成电视剧，那真不简单。

我们都不在干扰表哥，他继续说下去了。

大梅跟刘一青结婚后，就搬到了刘秃子商店南墙边新盖的三间院子里去住了。哪家都有一本难念的经，大梅虽然不缺钱花，但是对于一个呆子，内心也是有火气的。呆子什么不能干，就是一个呆瓜，连聊天说话都不会。邵二毛子下三烂，经常领着家里的孩子来走亲戚，大模大样地坐在上首。大梅也是个人精，菜饭做得好吃，衣服做得合体。他爹来走亲戚，呆子只能坐在一边，干陪。没有话说，也不会敬酒，很冷场。邵二毛子是个酒鬼，想喝酒也找不到对家，只有跟自己的女婿端酒。岳父不像岳父倒像女婿，女婿不像女婿倒像岳父，乱了辈分。呆子就是呆子，岳父给他端酒他就知道喝。大梅看不过去，就气愤了，夺过酒杯，就把酒狠狠地泼到了呆子的鼻子上，呆子就醒了。开始主动说话了。就站了起来，跟自己的岳父敬酒，背诵着滔滔不绝的劝酒词。大梅开心了，笑了，邵二毛子也开心了，酒量大增。没想到自己的女婿，不但清醒了，还会劝酒，劝酒的词儿都是乡下没有的，都是县领导喝酒时的词儿。女婿把岳父当成了县委领导，岳父能不高兴吗？这事儿，一传十，十传百。我们村，我们镇很快都知道了，失去记忆的正科级秘书刘一青能够在特殊条件下苏醒。邵二毛子第一独享了刘秘书的敬酒，第二分享的是刘秃子和邵二毛子两个酒鬼。在大梅家，丰盛地搞了一桌子菜，让大梅用照鼻子泼酒法唤醒刘一青的记忆。大梅是刘一青的媳妇，她比刘秃子还当家，他也跟刘秃子跟刘秃子的媳妇因为争夺刘一青吵过家。大梅背后有邵二毛子出点子，就用要杀死刘一青的办法来威胁刘秃子老两口，刘秃子才软蛋的。

表哥讲到了这里被厉海洋给打断了。他坐在门口，手里握着玻璃瓶茶杯，摇着手对我说，三表叔，你不要听你表哥的。洪富叔，你讲的不详细，也不对。两家打架骂架，我在去劝架呢。还不是为了争夺正科级秘书刘一青的监护权吗？先是大梅发现了用泼酒的方法能够唤醒刘一青的记忆，刘秃子也跟着学了，有人来请他儿子陪酒,要出高价的,他私自带着儿子去过一次,让儿子去劝酒。邵二毛子到了他闺女大梅家,发现他女婿被刘秃子带到外面发财去了,那还得了,他把自己的闺女骂了一顿,就把大梅骂醒了。当初大梅也没有当回事,没有意思到问题的重要性,听她爹那么一说,她就后悔死了,原来刘一青是一个矿藏是取之不尽的财宝,你怎么能把财宝送给别人呢?一定要保护好监护好,不能让别人动他。你爹我是外人,不能过问,你呢,你是他的媳妇是跟他最近的人,你有权力过问的。刘秃子虽然是他爹,毕竟是分了家的啊。大梅说,我们现在还没有彻底分家。邵二毛子说,你明天就跟他家划清界限。大梅就听了他爹的话,等刘秃子把刘一青送回来,就撂下脸来,对刘秃子说,刘一青是我男人,他的一切是我的,没有我的同意,任何人不能乱动他一个毫毛。刘秃子就跟儿媳妇讲理,儿媳妇不理睬他那个茬,就跟他吵架。连刘秃子的媳妇也过来跟大梅吵架,骂大梅独裁,还没有刚过门,就成了白眼狼了,早知道你是这样的人,就不要你了。大梅就按照她爹的话去坐,要无赖,先是在地上撒泼,然后又要上吊,说不过不过了,自己要死要活的。她这一闹,问题就大了,影响就坏了。连镇里的领导都来过问。镇领导要照顾的是正科级干部刘一青,刘一青是跟大梅一个床上睡觉的,自然就跟大梅亲近,镇领导偏向着大梅说话,安抚大梅,要大梅一定照顾好刘秘书。大梅的爹邵二毛子呢,没有介入大梅家的事,而是在外卖肉的时候给刘秃子造足了谣言,他那个嘴比刘秃子还厉害,说刘秃子不讲究,拉着自己的儿子去卖钱。其实呢,是他到镇里告的刘秃子的状。这样,大梅在他爹邵二毛子的帮助下,把对刘一青的监护权夺到了手里。现在刘一青的一切行动都由大梅说了算。刘秃子呢也不是憨子,也就跟大梅低头了,有什么事,还得去找大梅商量。

厉海洋补充的故事,比我表哥讲的精彩。

我表哥不甘示弱,夺过了厉海洋的话,还是自己来讲。他说,后来请刘秘书陪客,要有报酬的,就跟明星一样有出场费,大梅就成了经纪人。刘一青呢,酒量不大,二三量的酒量,喝完酒,到家也就醉了,一觉醒来,他又失去了记忆,还是一个呆瓜。可是,他是正科级秘书,又会劝酒,能一口气背出来上百条劝酒词。这在乡下是个新鲜的事儿。再后来,坏种刘秃子跟大梅商量了对策,开始提价了,一般人不是请不动的问题,而是请不起了。有人去过大梅家,她家的冰箱里都是好菜好酒。人家吃喝不花钱,刘一青的工资花不了,都放贷了。

众人都嫉妒起大梅家的幸福生活了,七嘴八舌地议论着她家。

我听了，失去了感觉，我对此不知道该如何评价。我笑着问我表哥，你给大梅多少钱？

我表哥乐呵呵地笑了说，我出去塞给了大梅一张老头票子。

老头票子是一百块，还有两个烧菜呢，一个红烧鳝鱼，一个东坡肘子，加起来也得两百块钱，还不算饭店的菜饭。

表哥这顿饭请的让我心酸。他们夫妻一年能挣几个钱呢？

但是他们没有计较钱的多少，反而高兴。从表嫂的眼里就能感觉到，表哥对于此次请客，也是非常满意的。

我表哥乐呵呵地笑，我表嫂坐在锅屋的过道里，也跟着乐呵呵地笑，嘴角又流下了口水。

我表哥得意之后，还是把功劳归功于我，指着我说，我哪有那个面子，还不是沾我三老表的光吗，他是大作家，又是政协委员。

他们都知道我母亲，知道我是老三，都哎哟呦叫了起来，说老姑奶奶是个心善人，儿子们都有出息的。话题又转到了我老表身上，还说我老表今天光荣了，全村的人都知道刘秃子的儿子给你敬酒，你的面子好大啊，你的身份也提高了……

阳光从锅屋里动到了巷口。我知道太阳快落山了。夏天虽然天长，但是也要黑天的。陪客的故事已经在我心里了，我在慢慢地消化这个可笑的故事，也就没有了心思来陪表哥表嫂和他们的邻居们聊天了。

我就跟他们告辞了。表哥把我送到路口的汽车站，不一会我就坐上了路过到城里的公交汽车。

我坐在靠西边窗户的位置，注视着落日阳光下的大原野，一片迷茫。我再次回首看着产生我童年的故乡，不，是看着已经成为历史的身后，我感觉到了制造历史者的罪恶。也有我。

晚礼服

夫 英

一

“不管多难，这件晚礼服我是一定要买的。”彦妍说这话的时候紧握着方向盘的手剧烈地颤抖了一下。一辆并排行驶的雪弗莱吉普车高声嘶叫着，仿佛是带着一股愤怒的黑色旋风呼啸着擦身而过。

“好险！”秦伟闭上眼睛重重地把头仰靠在车座上，他的搭在彦妍腿上不停揉捏着的手，也随着大幅度摇晃的车身轻微地抖动了一下。“有钱，就买呗。”他的声音有些慵懒，里面夹杂着一丝淡淡的冷漠。

彦妍无论如何也要在下星期六朱莉亚的婚礼上买一条能让所有人都目瞪口呆的晚礼服。这对于她来说是一件比爱情、工作、交房租甚至买房子还重要的头等大事。能够拥有一件得体漂亮或者是高贵奢华的晚礼服是她近一段时间里（起码是从现在到朱莉亚结婚前的这一段时间里）将要完成也必须完成的一桩心事。这件事纠结得她辗转反侧、寝食难安。口袋里的银子已经捉襟见肘，信用卡也几乎刷爆。就连老公秦伟靠着那个孤苦伶仃的小画廊辛辛苦苦攒下来准备卖房子付头期款的一点积蓄，也几乎在她满面春风地把那辆开司米色的BMW开回家的时候就已经荡然无存了。

彦妍是一个喜欢讲品味的女人。尽管她对品味的理解也像大多数拥有着优裕物质生活的女人们一样，离不开所谓的衣、食、住、行并永远也无法超越到另外一个层面上；尽管她并不是那种具有优裕物质生活的女人，但她还是孜孜不倦地把她几乎所有的精力和时间以及她和她老公所有的收入毫不吝惜地投入到高品位的维护和厮杀之中。即使是为了买一条印着某名牌标志的丝巾而不惜重金却困窘得一日三餐只能用廉价的韩国泡面果腹也在所不辞。她绝对不能容忍开着高贵的宝马却穿着十几块钱的衬衣，就像有人脚蹬黑色皮鞋却穿着白色的线袜一样。

“这一次……”彦妍关掉了AM1300（中文电台）像是吵架一样的广告，紧盯着前面稍微有些倾斜的弯路，握着方向盘的手仍然有些抖动：“不能再输给她们了。”她说，从车窗外斜射过来的阳光刺得她眯起了眼睛。

“谁们？”秦伟半睁着眼睛把头扭过来：“你又不是新娘，何必那样……亢奋。”

“我……亢奋了吗？”

彦妍的手机嗡嗡地震动起来。“一定是栾晓曦。”她说：“替我接一下，告诉她我们马上就要到了。”

秦伟拿起彦妍的乳白色苹果手机嗯嗯啊啊地应承着：“好！……好！……华盛顿银行……两千……OK、OK。”秦伟放下手机把脸转向彦妍：“栾晓曦说，只能借你两千，够了吧？”

彦妍好像连头都没点一下，她仍然在艰难地完成着随时都有冒冒失失从旁边涌进车辆的大弯道。直到路面笔直了起来才好像突然想起了什么似的大声说：“不管怎样也不能说借钱是为了买……晚礼服。”

“那也不能说借钱是为了交房租吧？”秦伟撇过头看了一眼紧抿着嘴角、目光略显坚毅的彦妍，想说什么又把话咽了回去。

高速公路宽阔的路面上涂着一层金黄色的阳光，路边的隔离墙上爬满了点缀着粉红色小花的常春藤。一辆印有china字样的大型货车气宇轩昂地隆隆驶过，把彦妍的BMW淹没在一片骚动的阴影之中。路的尽头已经阴云密布，漫无边际的铅灰色乌云张牙舞爪地遮盖了远处绵延的山峦，正在气势汹汹地吞噬着头顶上那一片透彻的青蓝。

“看来,要下雨了。”秦伟重新把手搭在彦妍的天鹅绒丝袜上并缓缓地向上移动着,直到彦妍轻飘的目光里又显出了娇柔的媚态:“干什么,人家开车呢。”

路上的车都像发了疯似的疾驰着,稍有闪失就会酿成大祸。在美国,开车也是件玩命的事儿。

彦妍和秦伟到达华盛顿银行的时候天色已经完全阴沉了下来。风起云涌,就连停车场旁边的那一排高大的棕榈树也失去了以往温文尔雅的姿态焦灼地抖动起来。栾晓曦躲在银行门前青灰色大圆柱子后面正翘首向这边张望着,见彦妍他们从车上下来便小跑地奔过来:“该死!就好像我是向你们借钱似的,让我等了这么久。”

秦伟把车门拉开让栾晓曦上去,然后他和彦妍也回到了车上。

“晓曦,越来越漂亮了。”秦伟从后座把脸伸过来,放到两个女人的脑袋中间搭讪地说。

“好啊,那你就和这家伙离了,娶我。省得她一天总是弄得你焦头烂额的。”栾晓曦稍微侧了一下脸,笑盈盈看着秦伟做出一副软绵绵的亲昵状。

“巴不得。”彦妍从不忌讳栾晓曦和秦伟火烧火燎地挑逗,她的眼睛始终没有离开栾晓曦手里捏着的白色纸袋。

“什么事这么急?”栾晓曦从上面印有华盛顿银行标志的纸袋里抽出一叠钱递给彦妍:“不会是因为朱莉亚的婚礼或者是又看上了某一套高档时装了吧?”

“瞎说。”彦妍从栾晓曦手里抢过纸袋,数也没数便把钱装进身边紫罗兰色的 Chanel 包里,可怜巴巴地说:“吃不上饭、交不起房租了。”

“不会吧?”栾晓曦故意把眼睛睁得大大的:“开着宝马,拎着香奈儿,穿着高档时装……”她咂着嘴把 Chanel 夺过来威胁着说:“没有实话这钱可就不借了。”

彦妍撇着嘴扭过头去爱理不理地向外看着,车窗外的阴暗更加浓重了。

秦伟把脑袋又伸了过来趴在栾晓曦耳边悄声说:“朱莉亚的婚礼, 晚礼服,还有品味……”他叹了口气:“女人,为了虚荣可以奋不顾身。”

“都是让你给宠惯的。”栾晓曦咬牙切齿地用指尖把秦伟探过来的脑袋给怼了回去。

“你给我闭嘴。”彦妍冲秦伟怒吼着:“要不是嫁给你这样的穷鬼,怎么至于买一件衣服都要向别人借钱？”

“再富都会让你给折腾穷的。”栾晓曦奚落着：“彦妍啊，你这是……何苦。”

几大滴雨点噼里啪啦地摔在前面的挡风玻璃上，栾晓曦急急忙忙地打开车门：“再不走就要挨雨了。”

彦妍扯了一把正要冲出去的栾晓曦：“明天和我一起去 mall 里。一件宝石蓝色的晚礼服我看中了，帮我参谋参谋。记住，对公司里所有的人都要绝对保密。”

二

絮絮叨叨的房东廖先生，是一个长着一脑袋灰白头发，总是显得有些猥琐或疲惫不堪的马来西亚老华侨。手里有点钱却总是哭穷，唯一的爱好就是看 A 片。一到了晚上便躲进自己的房间里，在电脑前通宵达旦地看着那些赤裸裸的男人和女人们交缠在一起的肉搏场面，并且总是把音量调高到足以使外面的人都能够切身地感受到从那里面传来的激情澎湃的声音。可一到了白天他就像是一条被腌渍过的酸黄瓜，蔫吧懒散，无精打采。不过，只要有彦妍在场，这种状况就会大大改观。彦妍能够把他身体内只有到了晚上才会涌发出来的兴致用一个漫不经心的眼神便轻而易举地引发出来，有时甚至会兴奋得手舞足蹈。他喜欢看彦妍，喜欢看彦妍忽闪着长长假睫毛的眼睛，喜欢看彦妍暴露在衣服外面细润得有些滑腻的皮肤。在近距离的接触中，他时不时地还会巧妙而得体地触碰一下彦妍那几乎能让他垂涎得流下口水的身体，并会不失时机地以闪光灯似的速度把目光射进彦妍那低胸的、偶尔还会张开的衣领里。彦妍对此视而不见、宽容大度，有时甚至以嗲声嗲气加以回应。当然，这只是在房租迟交了或者是廖先生催要得过于紧迫的情况下。不过，在钱的问题上，廖先生却从不含糊。

彦妍和秦伟回来的时候，廖先生正在车库里用一根绑着木头杆子的扫帚挑着天棚顶上的蜘蛛网。

“回来了？外面的雨好大。”他放下扫帚，捋了捋有些散乱的头发，眼睛却滴溜溜地在彦妍手里拎着的 Chanel 手包上打着转儿。他识货，懂得这个包的价值。看着即富贵又时尚又漂亮的彦妍，脸上露出仿佛是故意装出来的大惑不解的神情：“彦妍小姐真的、真的好漂亮，真的很像……贵妇人。”

“谢……谢！”彦妍展开笑面，拉着黏吱吱的长声快乐地回应着。尽管廖先生在“贵妇人”的前面加上了一个略带揶揄的“像”字，并且有一些似是而非的味道，但她还是愿意听这样的话，每当她听到这种夸奖，都会充满感激地产生一种想拥抱对方的冲动。

廖先生打开门，身子斜靠在门框上，眼睛却在彦妍和刚刚停进来的 BMW 上来来回回地游动着，脸上的表情也好像是被分成了两半，一半是艳羡，一半是怜惜，语气也有些支支吾吾起来：“看得出来，你们二位是很有钱的，真的。只是……只是……房租又已经迟交三天了。你们知道，房租的价钱很便宜的，而且合同期限也已经超过了。”他说这话的时候现出一副无可奈何的沮丧，好像比呆呆地站在那里的彦妍和秦伟还要难为情。

秦伟用身体撞了彦妍一下，示意她先回屋去，然后，把廖先生从门边拽了过来，笑嘻嘻地和他打着哈哈：“最近，出了一些状况。差不了的，我们是您的老房客了。”

“如果我愿意，可以马上把你们赶出去。”廖先生趴在秦伟的耳边恶狠狠地说。

秦伟回到房间，彦妍正站在衣柜旁数着从栾晓曦那里借来的钱。

“要不然，先把房租给交了。省得老头子成天嚷嚷着要把我们赶出去。”

彦妍忽地一下把手里的钱背在身后，坚定不移地说：“不！”

秦伟无奈地把脑袋耷拉下去，摊开两手：“整天喊着‘品味’，连他妈的房租都交不起。”

彦妍笑眯眯地凑上来戏弄地问：“如果，我要是让老头子抱一下或是亲一下什么的，就可以免去一个月的房租，你，会同意吗？”

“品味，这就是你的品味？如果，如果再让他再进一步，是不是连这一整栋房子都可以拱手相送了？”秦伟扬起脚在彦妍的屁股上踢了一下：“傻 BI，老子饿着呢。”他的脸上挂着讪笑，眼里却流露出一种仿佛是被羞辱过的颓丧。

彦妍来到厨房打开冰箱，里面除了几个像冰棒似的插着木条的热狗，就剩下一小碗蒙着保鲜膜的冷饭了。她把热狗拿出来摆在盘子上正准备放进微波炉里，廖先生走了进来。他们共用一个厨房，每当彦妍在厨房的时候，廖先生总是会想方设法地找一些借口凑进来，就像他现在手里拿着块抹布潦草地擦着没有一点污迹的洗碗机一样。“就吃这个？”他搭讪着。

“不吃这个怎么付得起房租？”

廖先生咧了一下嘴:“遇到我这样的房东算你们幸运,如果是美国人,早把你们给轰出去了。”

“还不是看你好。”彦妍歪着头,飘过去一个意味深长的眼神:“你们有钱人就是抠门儿,守着那么多钱成天关在屋子里……”

廖先生的脸上露出了一丝笑意:“钱要明明白白地赚,明明白白地花。总不能让我拿着白花花的银子去打水漂吧?”

微波炉嗡嗡地响着,外面下着雨。

“洛杉矶能遇到个雨天还真不容易。”彦妍轻声细语地说。

“是啊,不容易。”廖先生也轻声细语起来,他用手按住了已经结束了工作的微波炉的门,眼睛看着彦妍大幅度敞开的衣领里微微有些颤动着的前胸,压低声音说:“最后期限,星期六。”

“星期六?”彦妍眼里忽地闪过一丝焦虑。星期六正是朱莉亚婚礼的日子;正是她展示、炫耀或者是完成另一种期待的日子。那件她垂涎已久的宝石蓝色的晚礼服正挂在名品时装屋的衣架上安静地等待着她的到来,她甚至已经感受到了当她迈着轻盈优雅的脚步进入婚礼大厅的时候,那些目瞪口呆的目光是怎样地环绕在她的身上。她甚至想象得到站在新娘子旁边的新郎官,那个长着一双像她的晚礼服一样颜色的宝石蓝色眼睛的克罗地亚男人,是怎样地把他那幽蓝的目光柔婉而小心翼翼地投射到她的身上,在一种似乎是漫不经心的状态下和她的目光寻求一次又一次的重叠,然后再延着某种心领神会的暗示躲进某一个幽暗的角落里,像上一次一样地把他的那一只有些慌乱、有些莽撞的手从她的总是大大地敞开着的衣领里伸进去,在她的身体上恣肆地遨游……

彦妍确信,那种几乎能让她窒息的感觉在秦伟那里找不到,并且永远也不会再找到。她曾经为此而沮丧甚至绝望过,但她无论如何也不会让这种晦暗里夹杂着某种亢奋的情绪阻止她总是处于欲罢不能的状态下焦渴的欲望,并且她已经把这种带有时尚意味的欲望列入了品味的范畴。尽管,她总是对此有一种惴惴不安的感觉。毕竟,她还是秦伟的妻子;毕竟她所有的炫耀、招摇甚至卖弄都要由秦伟来充当最无私、最有力的赞助人的角色,就像模特儿总是会给设计师带来荣耀一样。

廖先生的手依然固执地放在已经被彦妍搬开了一条缝的微波炉的门上,就像他的眼睛依然固执地停留在彦妍脖颈下方的某个凸起的位置上一样。“星期六，最后期限。”他再一次重申。

“好说，什么都好说。”彦妍的眼光变得迷离起来，就好像对着那个长着蓝色眼睛的男人。她把手搭在廖先生右边有些倾斜的肩上，身子向前靠了靠几乎贴在了他的身上。然后，耳语般地对他说：“这事儿，等秦伟不在的时候……再说。”她甚至连自己都不知道为什么要对廖先生这样说，但不管怎样这也是一件和品味无关的事儿。女人不一定都是为爱而献身。

三

“朱莉亚有没有邀请我？按照洋鬼子们的礼节，我想会的。”秦伟仰面朝天地躺在床上，他好像是在冲着天棚说话。

“只是乱嚷嚷，到现在请柬还没有发下来。”彦妍把冒着热气的热狗放到床头桌上若有所思，好像是在对着热狗说话。她想，即使是朱莉亚邀请到了秦伟，她也不会告诉他。

“没有钱是悲哀，有了钱依然抛不掉另一种贫穷也是悲哀，当捉襟见肘和虚荣遇到一起的时候更是悲上加哀。”这是秦伟常说的话。无独有偶，这种悲哀却总是不厌其烦地缠绕在彦妍的身上并总是在最不该发生的时候发生。就像朱莉亚的这一场对于彦妍来说完全是不合时宜、突如其来的婚礼一样。

上班，没什么事做。彦妍站在公司宽敞明亮的玻璃窗前若有所思地凝视着不远处那一栋闪着宝石蓝色幽光的大楼。她已经养成了这种习惯，没事的时候就会一个人站在这里安静一下。这样，即躲开了女人堆里繁杂的纷争；又可以把自己妙曼的背影留给身后那些时而躲躲闪闪，时而肆无忌惮的男士们贪婪的目光。她喜欢这样的目光，甚至渴望她的总是处于勃发状态下的身体能不时地接受这种目光的抚慰。此刻，即使她是背冲着他们，却仍然能感受到从身后不同角度集聚过来的具有穿透力的目光的照射。她站在这里，就好像站在淋浴器的下面，水花在她滑腻似酥的肌肤上碰撞出无数点晶莹，然后便顺流而下，在她似如肌珠般柔润的身体上横流。她总会想到男人，想到了曾经在那上面肆意漫游过的男人的手。秦伟，她的丈夫；还有即将成为朱莉亚丈夫的那个高大的、长着一双粗壮手臂和坚实胸肌的蓝眼睛的克罗地亚男人蓬迪。

蓬迪总是从对面蓝色大楼里的那个能自动张合的大门里走出来，然后顺着两边种着棕榈树的小道，再穿过铺着绛红色地砖画着橘黄色斑马线的马路带着小跑地来到她们的大楼下，站在那里仰着头向上面张望，然后或者是把食指和拇指合成一个圈放进嘴里打个呼哨；或者是打个手机。不一会儿，朱莉亚便像燕子一样地拖着她那有些肥壮的身体飞奔下去，先是漫不经心地拥抱，后是蜻蜓点水似的轻吻。有一次，蓬迪好像看到了站在窗前的彦妍并把手放在微微撅起的嘴前点了一下并向她扬了扬，一个标准的飞吻的手势。彦妍扭过头去视而不见，心里却漾起一片如春潮涌动般的柔情。

彦妍似乎很害怕看到蓬迪，尤其是他和朱莉亚在一起的时候。但却又很愿意去想他。想他那蓝色的眼睛和那两只粗壮的手臂。彦妍总是能看到蓬迪；总是能把那种就连她自己都说不清楚的眼神投入到蓬迪那意味深长却又虎视眈眈的目光里。尽管，她和蓬迪的身后都站着一个对他们彼此都享有绝对占有权的拥有者；尽管，那一次不经意的碰撞几乎让那个马上就要成为朱莉亚丈夫的蓝眼睛男人突破她身体内的最后一道屏障，在她几乎处于忘乎所以的眩晕状态下乘虚而入。然而，她还是对蓬迪大胆的、莽撞的、甚至有些粗鲁而激烈的行为感到意犹未尽。在她整理好凌乱的头发和衣服准备离开的时候，蓬迪扯过她的胳膊对她说："我不会放过你。"

过后她想，她不能。因为她的鼻子里总是充斥着她不喜欢却又离不开的松节油和调和油混杂的味道。但是她的模糊得几乎让她无法察觉的潜意识却总是以一种不可抗拒的力量怂恿、暗示着她：她需要。

她和蓬迪的交流似乎很少用过语言，即使是那种简单得不能再简单的招呼也会让朱莉亚温和的目光和彬彬有礼的拦截所打断。彦妍确信朱莉亚绝对不会知道她和蓬迪的那一次仅仅持续了不到十几分钟的邂逅，就像秦伟永远也不会知道他的妻子在他的身下挣扎般发出呻吟的时候眼前晃动着的却是另外一双蓝色的眼睛。

眼前的大楼在后面似乎有些苍白的天空的映衬下逐渐地明媚起来。她不想让这种颜色刺激她总是处于极度敏感的想象；不想让这种想象总是在悠然攀升的状态下骤然跌落。就像她愿意给每一种颜色赋予浪漫奢华的定义，却总是被晦暗艰涩的生活搞得一筹莫展一样。看到这种宝石蓝的颜色，她马上会想到项链、戒指、高跟鞋、晚礼服之类。她甚至已经后悔了当初为什么不卖一辆宝石蓝色的 BMW，就像后悔了当初为什么要嫁给浑身充斥着刺鼻的松节油和油画颜料味道的秦伟。

蓝色大楼镜子一样的贴面上映出了两片丝絮般轻盈的浮云，柔和的阳光从大楼的侧面斜插过来在那两片显然已经被涂上了一层淡蓝色的浮云下面形成了一道耀眼的金黄。高贵的颜色必须要在协调色调的衬托下才会显出高贵，就像女人的脸、女人的肌肤、女人可以呈现出来的任何部位。白嫩细腻的皮肤配上高贵优雅的宝石蓝再恰到好处地点缀上一些晶莹亮丽的饰物，浑然天成、妙不可言。多么富有创意的想象。

彦妍美妙的想象被从侧面扑过来的一团橘红色的影子所打断，紧接着她的眼睛便被一双纤细的、有些潮湿的手严严实实地给蒙住了。一股她并不喜欢的劣质香水的味道扑面而来，她感到了一团像那双手一样同样是有些潮湿的肉嘟嘟的身体贴到了她的脊背上。

四

“是……朱莉亚吗？”彦妍从鼻子里辨认出了身后橘红色的女人，挣扎般地扭过脸来，一个淡紫色烫金的请柬挡在她的面前。

“亲爱的！”朱莉亚的声音里飘荡着一股抑制不住的喜悦，她的鲜花般盛开的脸庞由于堆积着一些不必要的脂肪而显得丰满、容光灿烂。“请你参加我和蓬迪的婚礼。”她的涂着厚厚唇膏的嘴唇几乎贴到了彦妍的耳朵上。

“婚礼？”彦妍佯装出一无所知的样子一脸的惊诧。但她的心还是猛然间仿佛被什么东西啄了一下，脸上的肌肉也变得僵硬起来。她迅速地整理了一下有些手足无措的神态，以最快的速度使自己的面部表情上升到一种欣喜若狂的状态。秦伟经常说她不光虚荣而且虚伪。她说：“当今的世道不虚伪怎么能行？在美国举目无亲，没有党的温暖和组织上的关怀，一切都要靠自己。如果无声无息，死了都赚不到一滴眼泪。”她还说：“不向上爬，就会往下沉。没人会拉你一把。”

“好吧，就用你自己的方式……往上爬吧。”秦伟在彦妍的面前，总是显得理屈词穷。

朱莉亚把请柬塞到彦妍的手里，并把她盛开着荷叶花边的衣领往一起合了合。

“恭喜你……亲爱的,还有……蓬迪。”彦妍尽量地使自己的笑容变得真诚些,并把已经扬起的嘴角又使劲地向上提了提。她知道,她的贺词并不流畅而且不知道接下来还应该说些什么。

“蓬迪叮嘱我一定要把请柬亲手交给你，并希望能在婚礼的晚宴上和你共跳一曲蕾哈尔的《风流寡妇》”朱莉亚的笑容就像漂在水面上的一层浮沫,在彦妍看来还显得有些狡谲。

“哦《风流寡妇》? ”彦妍被衣裙裹得紧紧的胯部波浪般地扭动了一下,脸上也莫名其妙地火辣起来。她记得,她和蓬迪那晚发生的事儿,就是在跳完了一曲《风流寡妇》之后。

为了掩饰，她十分夸张地几乎是惊叫着扑过去又蹦又跳地抱着朱莉亚,然后,沉醉般地闭上眼睛把请柬放在鼻子上闻着:“真香啊! ”她言不由衷地说着,心里却漫过一阵无以名状苦涩。她总是觉得朱莉亚带给她的感觉就像那个追着屁股要房租的廖先生一样。

彦妍和朱莉亚虚情假意地欢腾了一阵子后,便再没什么可说的了。在朱莉亚转过身准备离去的时候却突然回过头来意味深长地说了一句:“亲爱的,拜托,婚礼那天打扮得……漂亮些。”她微笑的样子依然有些狡谲。

“当然。”彦妍似乎已经听清了朱莉亚“漂亮”后面带有明显挑战意味的潜台词。她挑了一下眉,优雅地把垂落在后面的长发拢到胸前并挑衅性地把她在越南人开的指甲店里修饰过的那种孔雀蓝色点缀着细碎银亮小花的美甲卖弄地在胸前滑动着:“不怕抢过了你的……风头? ”她避开了朱莉亚乜斜的目光。

“怎么会? 我是新娘。”朱莉亚已经向侧门走去,她的这句话是背冲着彦妍说的。

美什么? 彦妍诡秘地瞥了一眼消失在门外橘红色的身影,转过身依然凝视着眼前蓝色的大楼。她甚至希望看到蓬迪再次从那个大楼里走出来,然后向她做一个飞吻的动作或者是向她摆一摆手。

五

从现在开始一直到朱莉亚的婚礼,彦妍都必须进入到一种紧张的准备和筹划阶段。她甚至设计好了入场时和婚礼进行中,她的每一个细微的动作、表情、身段以及拿着酒杯的姿态。

之所以说朱莉亚的婚礼于她来说是一件比爱情、工作、交房租甚至买房子还重要的头等大事。不只是因为婚礼上将有许多能够决定她今后命运的、或者是她力求让他们改变她命运的重量级人物闪亮登场;不只是单纯地炫耀或者是满足她虚荣的愿望而终于找到了一个可以尽情挥发的舞台;也不只是因为那个曾经把手伸进过她的衣服里并给她带来过无比欢悦的蓝眼睛的男人;更主要的还是因为朱莉亚曾经带着一种十分不屑的语气说过的一句话:“女人,如果在正式的社交场合没有一套得体的、起码不让人感到厌恶的服装,就等于是对别人的轻蔑和对自己的羞辱。”

这是在公司举行的一次大型 party 上，针对彦妍穿的一套色彩搭配和面料质地都极为不合时宜、按现在的眼光看来可以说是粗陋而媚俗的服装时说这番话的。朱莉亚还说:“听说你的丈夫还是一个搞艺术的,他怎么能够忽略你的这么有造诣的创举？”

朱莉亚的这番话是公司里唯一的一位女同胞栾晓曦原汁原味地翻译给她的。那时,彦妍的英语水平还不足以领悟朱莉亚带有蔑视性的诙谐与挖苦。尽管,栾晓曦当即见义勇为地以那种犀利而尖刻的回击吹毛求疵地指出了朱莉亚服饰上的某些瑕疵以及色彩搭配上致命的缺陷。并严肃地警告这个有些盛气凌人的朱莉亚:过分地狂傲很可能会导致类似于人身攻击、种族歧视等一系列美国社会绝不能容忍的禁忌。直说得朱莉亚本来红光闪灿的脸又涂上了一次绯红色,并满怀歉意地一叠声说出好几个“I'm sorry”。也算是给彦妍重重地出了一口恶气。

“好了吧？”栾晓曦得意地回过身来,把手搭在刚刚来公司不久的彦妍的肩上。虽然她的充满着善意的目光多多少少也流露出一丝傲慢和怜悯,但还是让彦妍感到了一种浸入心扉的温暖与慰藉。

“谢谢！以后我会把你当成好朋友的。”彦妍说这话的时候泪水差一点从黏着长长假睫毛的眼睛里流出来。她确信当时除了她和栾晓曦之外还有很多人听到了朱莉亚的这些话，并且感受到了那些起码在她看来是属于那种轻慢的、嘲弄的目光。尽管栾晓曦的拔刀相助在某种程度上使她或多或少地挽回了一些颜面并找回了些许平衡,但她还是感到无地自容。朱莉亚的话明显地透漏出两层意思:一是对贫穷的奚落;二是对没有品味的嘲讽。这是她最在意、最敏感的两件事情。朱莉亚刻薄而恶意的品头论足无疑也是对她的一种致命轻蔑和羞辱。

她甚至已经忘记了当时是怎样在喧嚣的乐曲声和闪烁的光影里迈着怎样慌张错乱的脚步离开了现场;又是怎样义愤填膺地把满腔的怨愤倾泻到她的那个搞艺术的丈夫身上。“秦伟,你要给我挽回,挽回……”她颤抖得几乎无法说出已经叫朱莉亚蹂躏得莫过于毁容的那两个字。

“面子。”秦伟痛彻心扉心肺地垂着头,他是在脸上的肌肉尚未停止颤动的情况下补充上这两个字的。

“对,面子。”彦妍总是能把自己的面部表情控制在瞬间闪过的愤慨和愠怒后而迅速地转化成一种柔弱的温情。因为她知道挽回面子还得靠秦伟。“你知道,”彦妍凑过去抱住秦伟,委屈而娇弱地把头依偎在他的总是显得有些稍稍下沉的肩上轻声说:“女人的面子,对于男人来说意味着什么吗?”

“生命,男人的生命。”秦伟把脸贴在彦妍柔软的、散发着淡淡幽香的密发上。仿佛只是一瞬间,他的那双忧郁的、疲惫的眼睛里便渐渐地弥漫起一丝沉醉般的冲动。男人就需要这样的氛围,男人就等待这样的时刻,男人不管有多么的脆弱,都可以在女人温柔的怀抱里变得完美坚挺起来。

“如果有,我会把天都给你。”彦妍记得,秦伟是在那次怀着一种内疚和羞愧的情绪,进行了一场疯狂而完美的表达后,从她的身上下来时气喘吁吁说这句话的。她信。

从那以后,秦伟便不遗余力地加入了彦妍提高品味和追求时尚的行动之中。尽管入不敷出,尽管捉襟见肘,尽管负债累累,有时甚至交不上房租。他说,这也是为我们的国人争得颜面。

然而现实是,穿戴着名牌,就得吃泡面;开着宝马,就得欠房租。让人家追着屁股要钱的滋味并不好受。况且,彦妍已经看出来,廖先生看着她的眼神就好像黄世仁看着喜儿的眼神一样。每当她穿过厨房或客厅的时候,廖先生那极具穿透力的目光就仿佛把她的衣服扒得精光,变得赤条条的了。

“别忘了。”廖先生坐在客厅的沙发上,看着鱼缸里咕噜咕噜向上冒着的水泡,慈祥地对彦妍说。

“什么?”她瞪大眼睛,天真地、孩子一样地歪着头问。

“星期六,或者……”

“怎么会。”在她的声音还没有传递到廖先生耳朵里的时候,身影就已经消失了。

六

钱是最不懂得慈悲也是最不会怜香惜玉的。这是彦妍在名品店的玻璃柜里或是在时装店的衣架上看到那些让她垂涎得近乎癫狂的衣物时,因为囊中羞涩而不得不悲壮地含泪而去甚至不敢回头再看一眼的时候发自内心的感慨;这是在秦伟没日没夜地用他超凡脱俗的绘画技巧以及近乎自残的审美标准费了九牛二虎之力完才成的一幅油画而沉醉得几乎融化在自己的画作里面的时候。本以为可以巨额出售,然后用这笔钱来完成她的诸多梦想。却不料,在秦伟满怀希望地把这幅画摆在画廊最显著的位置,养尊处优般地度过了漫长的等待,在受尽了挑剔和冷落后终于由一位狐假虎威的专业人士在进行了一番品头论足后,讨价还价地用了几乎低于成本的价格含冤受屈般地把画抱走。看到秦伟屈辱的脊背抽搐成一团,彦妍抚慰般地把脸贴在秦伟乱糟糟的头发上发出的一种由衷感伤。钱,不只能蹂躏美丽的容颜,还能够玷污圣洁的艺术。

但不管怎样彦妍还是把那件高贵的宝石蓝色的晚礼服如至宝般地给捧了回来。她总是能如愿以偿。

星期六,栾晓曦来到彦妍家,她们要一起去参加朱莉亚的婚礼。

穿戴齐备,彦妍的心里翻卷起波浪。她此时就仿佛进入了一种恍惚的状态。面对着几乎占满了一面墙的镜子,她优雅地摆动着绵软丰腴的身躯。那条刚刚换上去的沉甸甸闪着宝石蓝色丝光的拖地晚礼服随着她大幅度扭转着的身体亮晶晶地簌簌抖动着。室内明亮而柔和的光线把一抹泛着乳白色的高光投放到她那浑圆的、傲然耸起的胸前,使她的袒露在黑色蕾丝花边外面柔美的颈部和修长的手臂更显得白皙柔嫩而富有质感。

彦妍想,今天她一定要站在朱莉亚和那个蓝眼睛的男人中间,和朱莉亚比一比究竟谁更美丽、更高雅、更时尚、更有品味。彦妍自信比朱莉亚漂亮,虽然朱莉亚是一个地地道道的具有西班牙贵族血统的洋妞。站在他们中间也绝不是女人和女人之间那种狭隘的刻意比较,而是一种一目了然的审美结论。即使是再偏颇恶意的目光也不可能昧着良心对这一不争的事实做出相反的评价。怨不得那双蓝色的眼睛面对着她的时候总是有一种如同饿虎扑食般的架势。她想,如果今天再来一把像上一次那样的鸳梦重温,或许,她会做出就连她自己都会意想不到的事情来。她觉得这也是品味、也是时尚。

下午一点多钟的时候，秦伟特意从画廊里跑了回来，给彦妍和栾晓曦送些吃的。每当彦妍在没有他的陪同要一个人出去参加什么活动的时候，他都会有一种不安的感觉。彦妍可不是这样，没有秦伟她会觉得更自如、更随意、更有一种轻松愉快的感觉。

“好了吗？出去晚了会塞车的。”从隔着试衣室的那一面厚重的绛红色帘子后面传来了秦伟有些不耐烦的声音：“栾晓曦已经快睡着了。”

“你不是没睡吗？”彦妍娇滴滴地说：“你可以进来嘛。”她迅速地把搭在肩上的裙带向两边扩了扩又往下抻了抻，然后把帘子拉开一条缝探出头来。她看了一眼坐在秦伟旁边似睡非睡的栾晓曦冲秦伟挤了一下眼：“来，进来。”在栾晓曦懒洋洋地撩起惺忪的眼皮还没有做出任何反映之前彦妍已经把秦伟拉了进来，然后冲着惊愕中的栾晓曦做了一个鬼脸便哗的一声把帘子严严实实地拉上，里面便传来一阵窸窸窣窣的响声。

“快快快，快点儿吧。”帘子外面的栾晓曦已经迫不及待了。

彦妍冲外面撇了一下嘴，又开始扭转起身体在秦伟面前做起一个个优美的 pose 来。“怎么样，能不能惊艳全场？”

“你不是要抢去新娘子的彩头吧？”

“就是。”

秦伟紧靠在屋角的镜子前面，身体向后微仰着并职业性地歪着脑袋把眼睛眯成一条缝：“钱能把人变成……妖。”

彦妍甜蜜地笑着。她的嘴角只要稍稍向上翘起脸蛋就会美丽得像一朵花。她附过身去，撅起嘴在秦伟的唇上吻了一下，然后把裙带向两边扯了扯，用手托起颤巍巍袒露出来的胸部歪起头妩媚地看着秦伟：“这个……更好吧？”

“本来……挺好的。”秦伟把彦妍几乎脱落的裙带向上拉了拉，苦涩地摇了摇头。

秦伟回画廊去了。彦妍让栾晓曦先出去等她，她要和坐在客厅里的廖先生交代一下。毕竟是欠了人家房租，毕竟是最后期限。当她走进客厅的时候，廖先生站了起来，他脸上似笑非笑的样子让彦妍毛骨悚然。她拉开了和他的距离，以防他做出什么不规矩的事情来。

“明天就搬走吧，sorry。”廖先生彬彬有礼，一副悲天悯人的样子。

“过几天，秦伟要回国内一些日子。”她说，并暧昧地做了一个亲昵的动作。在廖先生面前杜撰一个随手沾来的谎言，她不会有任何心理负担。

高速公路上并不像秦伟说得那样会塞车。阳光明媚，一路顺通。彦妍想，如果在条件允许的情况下，她会不会和那个蓝眼睛的克罗地亚男人做出对不起秦伟的事情来？她想，最好不要，但她还是有一种期待。

前面的一辆卡迪拉克不慌不忙地行驶着，这样的车通常都是老头子开的。就像廖先生开的那辆已经掉了漆的老款卡迪拉克一样，速度慢得几乎让她无法容忍。她打开转向灯，向左边线道靠去。她记得，在她加速靠过去的时候还侧头看了一眼穿在身上的晚礼服；她记得一辆暗红色的皮卡向她的宝马冲了过来，最后的记忆好像就是一声闷响和一股带着粉末的白烟……

当彦妍再次醒过来的时候不知道已经过了多久。医院的天棚上白晃晃的灯光刺得她睁不开眼睛。她的脸上缠着一层厚厚的纱布。“留下疤痕是在所难免了。”她好像是在梦里恍恍惚惚听到这句话的。她看到秦伟坐在她的身边，栾晓曦拄着一副拐杖站在他的后面。

“我的晚礼服，还可以吗？”她问，眼睛模糊了。

秦伟说：“以后有钱了，我会给你买一条更好的晚礼服。”

骄傲的牙齿

陆蔚青

南山玉走进诊室时,见一个老妇人坐在那里,新来的助理印度姑娘丽达站在老人身边,正在给她戴衣罩。这是个保养很好,颇有风度的老妇人,尽管老了,还有清秀的眉眼和很好看的嘴唇。南山玉微笑着说,今天看哪颗牙?老人说右上第一颗。不知是牙齿掉了一个茬儿,还是以前堵的银汞掉了。南山玉说那就先做个 X 光片吧! 准备工作时南山玉问,是吃什么东西掉的? 很硬的坚果吗? 老妇人说不是,只是吃苹果,感到里面好像有沙子一样,我还想,苹果里面怎么会有沙子呢。南山玉脸上保持着一种亲和的微笑,说有人吃面包也会掉牙呢。不一定是硬东西,也是因为牙齿松动了,本身有问题了。

X 光片很快出来了,南山玉把牙片放在微机里给老妇看,老人第一眼看到自己的牙齿,吓了一跳,说这是我的牙齿吗? 真是丑陋呀。南山玉也回头看这一排牙齿。因为牙根萎缩了,嵌在牙龈里的,是一排枯萎和残缺不全的阴影,牙根变得很细很脆弱的样子,在灰色的没有生命的底片上,能看出衰老和死亡的痕迹。老妇人说这怎么是我的牙齿呢？我的牙齿是珍珠贝壳般闪光的呀。你不会弄错了？南山玉笑，说不会。老妇人脸上一瞬间就黯然神伤。低眉敛眼片刻，叹一口气说，人呀，不要老，老了一点都不好。且不要说什么色衰爱弛，就是自己的牙齿，也不由你做主，丑陋得心惊肉跳。

南山玉笑笑，回头看那排牙齿，它们矗立在屏幕上，冷漠而骄傲。

这是南山玉牙医学院毕业后到附属医院实习的第一周。历经数年的艰苦学习，终于可以行医的快乐，并没有被老妇人一番人生感悟所泅灭。然而有一天，在回家的路上，南山玉望着地铁里行色匆匆的行人，却不知不觉想起老妇人看到自己牙根时那惊骇的面孔。长长的电梯一上一下，南山玉正好可以俯视那些向上滚动的人流。在八月的蒙特利尔，好像每个人，都有一张疲惫的睡眠不足的面孔。南山玉在感慨行色匆匆的人流时，突然领悟到人生苦短岁月无常，同时对这个环境有了一种逃走的渴望。于是，在他迈出地铁的一刹那，他做了一个决定，他决定休假两周，去慕尼黑看他的妻子冷梅。

南山玉与冷梅在德国相识相爱，南山玉先毕业两年，却不能取得德国的永久居留权。南山玉只好来到蒙特利尔，转攻牙医。本来说好冷梅毕业也来这里，没想到冷梅在西门子找到工作。因为读牙医的辛苦，又想尽快毕业，南山玉用上了他全部的时间，他和冷梅有三年没见过面了。

在决定飞往欧洲的那一刻，南山玉的心，快乐得像一只小鸟。他的心关闭和郁积得太久了，他已经忘记了慕尼黑的模样。坐在飞机上，他好像是在一个剪接高超的意识流电影里。他看到冷梅迷人的微笑和长满百合花燕尾草的小径。突然感到腿上一片冰凉，睁眼一看，原来是邻座的小孩正在把一杯可乐倒在他的身上。那孩子仰着一张长满雀斑的小脸。南山玉弯下腰，看着认真干坏事的小孩，笑着把他抱起来。

也许，他很快也可以有这样一个小天使了。南山玉想。他已经快四十岁，日复一日，他越来越渴望家庭生活，渴望有孩子在身边奔跑。

他与冷梅约好在维也纳见面。当飞机在一片苍茫中靠近维也纳时，南山玉很惊讶地发现，在上空看维也纳，比他印象中破旧而拥挤。一瞬间，他居然有重回亚洲大陆的感觉。这种感觉让他吓了一跳。当他在这里时，他一直是视它为异乡的。

是不是个人感受会因时间和空间的不同辗转挪移呢？那就是说人的感情也

很难恒久稳定了？在急于与冷梅相会的时刻，突然而来的思绪让南山玉在惊讶中有一丝丝的不安。他把脸贴在玄窗上，俯视下面的风景，极力冲淡这突如其来的不安。

但是当南山玉看到在机场下层等待他的冷梅时，心中涌起一股热情的潮涌，早已将那一点不安扔到九霄云外。冷梅穿着浅绿色的紧身牛仔裤和一件绒黄色的毛衫，站在一排自动出票机旁边，亭亭玉立而充满生机。她靠在身后一个绿色的旅行包上，好像一株春天的树，又像一簇迎春花。南山玉禁不住三步两步跳下电梯，在偌大的机场里奔跑起来。

然后是忘乎所以的拥抱。南山玉把冷梅抱在怀里时，如果有人问他，你想到什么，南山玉会用白边眼镜后面那对真诚的眼睛告诉你，我什么都没想，因为快乐的脑子是空白的。

他们的计划是在维也纳玩三天，然后沿途去布拉格和莫扎特的故乡——萨尔茨堡。之后，他们进入德国，到冷梅生活的慕尼黑。他们把最后一周留给慕尼黑，留给平静而休闲的时光。在那里，他们可以谈谈未来——是冷梅来蒙特利尔，还是南山玉寻找机会再返欧洲。

到市里已是黄昏，路过一个街角看见一家中餐馆，大红灯笼高高挂。南山玉一如既往的肩负重担，一人背着两个旅行包，手里拎着两个旅行箱，还不忘一只手拉着冷梅的手。冷梅却坚持背自己的旅行包，在她的坚持中，南山玉有一种异样的感觉。冷梅的理由是自己也有手和肩，南山玉却看到了冷梅长大了的精神。的确，无论在欧洲还是北美，女孩子们都是自己背行李，但是在中国，女孩子却是喜欢让男人帮忙甚至是一只小小的手袋的。

南山玉端详着冷梅，他看到这个小妻子越来越漂亮了。也许是因为稍微胖了一点的原因，冷梅比三年前显得婀娜多姿，尤其是眼角眉梢，带有一种成熟女人特有的风韵。

三年前的冷梅很骨感。有着青春女孩特有的内向和清冷。让南山玉开心的是，冷梅看见他，居然还有一份新娘子的娇羞，南山玉盯着她看时，她就嗔道，看什么？然后转过身去。

他们预订的旅馆是学生宿舍，空间很小。这对南山玉和冷梅不是问题，两张分开的床，有用的也只有一张。黑暗中南山玉能感到冷梅的半推半就或者说是欲拒还迎。三年的分离，南山玉能理解新婚之后漫长的分别意味着什么。新婚的生涩还停在那里，他们在黑暗中重新享有的其实是新婚之夜。因为新婚之后他们没有熟捻没有默契就分开了。那场婚礼好像只是为了当年既将分离下的一份决心。他们在一起短短的三天，然后是漫长的三年。所有的肢体语言都生疏了，留下的是某些有点熟悉又有点陌生的回忆。后来回忆也远了，好像是一幅年代久远的画。在南山玉的回忆中，也许还因为想象增加了某些玫瑰的色彩。如今月光是那样明亮地照着，他们就这样相拥在一起，这才是今天真实的图画，也是南山玉渴望已久的图画。

之后就是快乐的无忧无虑的游玩。白裤黑衫的南山玉与彩裙白衫的冷梅牵着手走在维也纳古老的街道上。有时出来的早，能闻到古老建筑与街道中那种气息，那是因为人居住的时间长而散发出的气息，一种古老的烟火油腻的气息。而这种清晨在空旷无人的街道上嗅到的隔夜的热闹，隔年的温暖，还有跨越时间的人文气息，让南山玉一次又一次想起自己的故乡。在清晨帮妈妈把小食摊摆在街头时，城市还像一个困乏的老人一样安静地睡着，然而，你依旧能闻到他的体温，因为你依然在他的怀抱中，而这时的气息，只是白日里被人潮的涌动遮盖的气息而已。也许白天被嘈杂的声音忽略了，但是，当他睡着时，他的精神，他的过去，他的历史依然在那里，从没有遗失过。

南山玉被这种熟悉的气味感动得几乎掉下泪来。在北美的三年，他都没有这样的感动。他们流连在维也纳的剧院和金色大厅之间。对于这座皇宫之城中的皇宫，他们倒没有多少兴趣。那些死去的政治和皇帝好像从没留下来，南山玉和冷梅最早的接触就是对艺术相同的爱好，莫泊桑的喜剧，歌德的浮士德，还有马拉的乐谱，莫扎特和贝多芬，都曾来到这里，为艺术孜孜不倦。

中饭他们就站在某个街角，一块比萨一筒可乐。他们看重的是那份下午茶，一定要去一个好的咖啡店，要一杯黑咖啡和一块甜点。

冷梅对甜点的捻熟让南山玉惊讶，而喝咖啡时她对黑咖啡的偏爱也让南山玉感慨。南山玉还记得第一次带她去咖啡店时她狼狈不堪的样子。那一杯咖啡，她兑了半杯牛奶，后来咖啡杯泛出发白的汁液，连咖啡的影子都找不到了。

你已经完全习惯欧洲的生活了。南山玉感慨地说。

是呀。冷梅笑道。笑的时候，嘴角现出两个圆圆的小酒窝。咖啡不喝不行，上课坚持不下来。你知道的。她简短地说。

已经完全是那个样子了？南山玉问。

是的。完全是了。

他们相视而笑。那个样子,是冷梅刚到欧洲时对南山玉的定义。那时他们还不相识。南山玉因为来得早,已经染上了咖啡的瘾。每天早上去上学都看到他端着一杯咖啡在人行道上匆匆走过。

冷梅就对室友小柳说,那个高个子的男生,她顿一下,说,他是中国人吗?小柳说是呀,医学院的。好像大三的吧。怎么,他不像中国人?冷梅说也不是,就是他那个样子——小柳探头向楼下望,说什么样子?就见南山玉端着一杯咖啡匆匆而过。

于是这就成了他们的笑谈。那时刚来的中国学生很少是那个样子,那需要一段时间的旅欧经历。

后来,他们相识了。他爱上了冷梅弯弯双眉下那一双清冷的眼睛。那时的冷梅,对欧洲的生活还不习惯。无论做什么,都小心翼翼的。当然,小心翼翼是因为她的德语不好,一个什么都听不懂的人,怎么能表现出聪明?然而冷梅却能。冷梅有一双聪明的眼睛,弯弯的,像京剧里的青衣,有一种不夸张却让人不能忽视的美。

告别维也纳后他们乘车去布拉格。那是一辆小巴,车上人不多,南山玉和冷梅就偎坐在一起,南山玉低头时,能嗅到冷梅头发上的芬芳。到捷克边境时上来两个胖胖的脸儿红红的警察,有着像农民穿错了制服一样质朴的气质,简单的看了一下证件。车子在夏天的原野上驰骋。一望无际的原野在八月里居然有了干草那样的金黄。在后来的岁月里,每次南山玉想起这段往事,都不由自主地想起那天阳光下金黄色的原野。那在东欧应该是晚秋的颜色为什么一次次地出现在自己盛夏的记忆中?是当时自己那种温暖干燥的收获一样的心情,还是当真在捷克和奥地利交界之处,有着这样一片金黄色的原野?

在金黄色的原野上,还有着那些零零散散的农舍,那些暖色调的房子,在阳光的照耀下,像一栋栋盛满了幻想和幸福的童话,在南山玉的记忆中泛出一层层美丽的涟漪。那时南山玉还不知道这种丰富的阳光意味着什么。进入捷克,进入布拉格,进入德国,这在当时看去完美无瑕的计划,正在把他和冷梅带进一段凄美的时间。那金黄色的美景,是南山玉一生中最美的时光。后来,在他的生活中他努力去找,却再也没有那样的一份金黄色了。

是的,越接近德国,南山玉就越感到某种不安。开始时他怀疑自己多疑,但是，越来越的，他在冷梅的行为举止中发现了某种怪异。越靠近德国，冷梅的情绪越起伏不定，喜怒无常。在布拉格他们遇到的那个高个子男子又一次在他面前出现。在查理四世大桥，那个高个子男子细瘦而文质彬彬，正在桥头的一个画家前面坐着，面对着那十六孔滟涟的波光之桥，面对着他和冷梅既将走过的地方。

南山玉感到心中惴惴不安。

他和冷梅第一次去冷梅的公司，在冷梅的办公室门前，他又遇见了那个人。这是查理，他在心里重复他的名字。当天夜里，没有任何预兆，南山玉开始牙疼。那是一种神经性的一跳一跳的疼，疼是那么的富有节奏，间隔好像排列整齐的工业产品。在机器的压迫下，冰冷有序，没有一点感情。牙神经好像是另一个南山玉，安静又尽职地提醒着他的神经，通过疼这样一种方式与他交流。

冷梅说我要去老板那里一下，就回来。

冷梅回来时，南山玉看到冷梅脸色绯红。冷梅的眼中流光溢彩，南山玉心中的痛，是重逢的这些天，冷梅从未有过这样的目光。

回家后冷梅把头发挽在脑后，只一下，就放下了。她满面羞红地看到，耳环落了一只。

南山玉什么也没问。牙神经比昨晚跳得快了一拍。南山玉不去治自己的牙。南山玉放任它疼，在牙不间断的疼痛中，南山玉居然有了一种快感。他好像折磨着自己，又好像在这样的折磨中，感到生命的存在。如果爱不再有，痛是不是提醒你存在的唯一方式？后来牙痛到脑神经，半个头好像要裂开一样，冷梅说你去看牙医吧，南山玉说我就是牙医。冷梅说也许可以用药？南山玉说不用了，它已经坏到神经了，只有把神经拿出来，或者把这颗牙拔掉，才能解决问题。

总之，南山玉以医生的口吻客观地总结说，这颗牙不再是以前那颗了。如果把神经拿出来，它就没有了精神，是一颗人工制作的没有灵魂的牙齿，或者把这颗牙拔掉，那它就是生命中的空洞了。

他这样说时，对着那一簇怒放的百合花。百合花就在微风中摇摆着，好像听懂了一样。冷梅站在南山玉的身后。南山玉不回头，他能看到冷梅像百合花一样摇摆不定的心。

他使劲摇头。有一首老诗，一直萦绕在他头脑里，挥之不去。像奇怪的旋律，又像女巫的咒语。

牙疼

拔掉了还疼

是一种空洞的疼

仿佛

爱情

离开欧洲时,南山玉发现自己在订票时犯了一个错误,他落地在维也纳,回程票应该定在慕尼黑,但他却把回程票也订在了维也纳。

离开慕尼黑时是在黄昏,他搭夜行车赶回维也纳。

火车来到的时候,两人还那样站在月台上,好像一面透明的墙横在他们之间。南山玉有一种冲动,他很想伸出双臂去拥抱冷梅,两臂却好像被困绑了一样不能动弹。他的大脑有点僵硬,牙开始丝丝作痛。有一种意识却很清晰,你爱她吗?那就去拥抱她,也许这是此生最后一次了。

冷梅从身后抱住他。他能感到冷梅打摆子一样地颤抖。我会给你写信,冷梅喃喃说,她的话,在八月的炎热中,让南山玉听到冬日树枝上挂着的白霜。南山玉笑一笑。他回过身,把过去和未来都放在一起,塞进行囊。

为什么要说呢?这样不是很好吗?

语言,是用于陌生人的。爱人之间,只有肢体语言。或者,我们用眼睛交谈吧!如果你躲开了,我们就不再相爱了。

他转身上了去维也纳的夜行列车。他没有回头。不敢回头。

南山玉坐在夜行车上,回想自己的三周之旅。他想起维也纳的新婚之夜,想起伏尔塔瓦河上的波光。布拉格今夜的上弦月,应该已经从桥下移到了中天,而紧紧追随着月亮的土星,应该也在此时更加明亮吧!在那一夜的月光中,他们曾相拥而行,他的感恩之心能容下整个宇宙。谁能说那样的时光能够永驻呢?没有人能把自己放在同一条河流里两次。

对面的女孩又一次离开了座位。再回来时,她的头顶插满了卷发卡,睫毛也卸了下来,由刚才的艳光四溢的妖艳女孩,一下子变成一个睫毛光光,头上缠满塑料卷的妇人。她像在自己家里上床一样,把膝盖屈卷起来,有些污了颜色的白色衬裙就那样带着某种气息裸露出来。对面的流浪汉用盯着猪肉卷或牛排一样地眼光贪婪地盯着那女孩放荡不羁的身体,壮实的下颚紧咬着嘴唇。南山玉把眼睛挪开,注视着窗外。

窗外的欧洲大地,无知无识的沉入茫茫黑夜。没有明亮的干草,也没有金黄的芬芳，甚至令人心酸的往事，在这一瞬间，也沉入了生命的谷底。南山玉知道，这一瞬间，只有这一列坐满了贫穷，贪婪，欲望和及时行乐的夜行车，轰鸣着在这沉睡在谷底的大地上驰骋。夹坐在这充满俗世欲望的窄狭空间中，南山玉的心突然有一种饱胀的不适，他站起来，跨过横七竖八伸展开来的胳膊和腿，走到车厢之间狭窄的空间，仰头望着夜空。出乎意料，他居然在列车飞驰的瞬间，在苍茫的大地上，看到了上升的月亮和她身边紧紧相随的土星。那么，来自火星的男人和来自金星的女人呢？他们为什么不能像这样紧紧相随？南山玉仰起的头颅看不见他们，只感到冰冷的泪水滑过他的脸庞。

曾经完美的牙齿，就那样不堪一击的衰老如断壁残墙。南山玉知道，这列车会一直驶向那个温婉而风韵犹存的老妇人，和那让她惊骇的牙齿。南山玉那骄傲的牙神经，终于冲破了他努力的克制，肆无忌惮地狂跳起来。

找 人

赵宏兴

谈大广在城里打工,妻子马兰从很远的老家来看她,谈大广很高兴,也被许多同事羡慕。可没过两天,两人就闹起别扭来了。谈大广没想到,妻子马兰这次来,不光是看他,还要去看另一个男人,这是他没有料到的,也让他接受不了。

一早,谈大广就起来准备上班了。他提着一个硕大的塑料杯子,把黄色的塑胶壳帽朝头上一卡,出门时,一脚把地上的酒瓶子踢飞到门外,空的酒瓶子在水泥地上叮叮当当地滚动着,滚到一个墙角,停了下来。

谈大广来到工地,站在脚手架上砌墙。一个班的人,干得热火朝天,谈大广是大工,但今天他的手脚慢了一点。左右相邻的工友,砌的墙很快就高出谈大广几块砖了。他的脑子里,一直在想着昨天和马兰争吵的事。

谈大广与马兰是自由恋爱结婚的,婚后,谈大广对自己的家庭十分满意,他在外面打工,生活节俭,把工钱一分不少地带回家。谈大广对马兰是信任的,但人心隔肚皮,没想到结婚这么多年了,现在又冒出一个陌生的男人。

谈大广心情烦躁,又不能跟别人说。大广用刀狠狠地将一块红砖砍断,然后叭地扔在地上。给他做小工的伙子,看着谈大广挂着个脸,气哼哼的样子,不知道自己哪里没服务好。谈大广一扭头,看到他在愣愣地看着自己,把空了的橡胶灰桶朝地上一扔,大吼一声:“上灰浆。”

小伙子提着灰桶迅速去铲了一桶,吊上给他。

砌墙砌到接头时,往往要有几揸长的空隙,就要砍砖砌实。谈大广提起一块砖,在手里试了一下,过去一刀下去,是准成功的,但这一次谈大广一刀砍下去,砖没有砍断,却把自己的中指弄了一个口子,鲜血从口子里流了出来,大广把手指在衣服上擦拭了一下,感到很懊气。把刀朝墙上一摔,站在那里喘粗气。班长过来了,问他是怎么回事,大广把手指一伸,生硬地说:“破了。”在行内,一个大工,把手弄破了,是很不光彩的事。班长笑笑,拿起他的手指,看了看,说:“用创可贴贴一下吧。”说完,从屁股口袋里掏出一块,撕开,朝他手指上一裹说:“好了好了。”大广拿起塑料杯,打开盖子,猛喝一气水,然后拾起瓦刀,又叮叮当当地干了起来。一会,手指就被泥灰盖住了。

谈大广浑身燥热,真想停下手中的活计,回去把马兰很捶一顿,看她身上的肉是不是痒痒了。

谈大广上班去了,马兰一个人在房子里。说是房子,其实就是大楼盖好后,还没有粉刷交工,一个个房子洞开着,工程队就选了一层楼,用竹耙安个门作为宿舍,大家就住在里面了。

马兰蹲在地上,把黄的柿子一个一个地码到阳台上的阳光下去晒。柿子是马兰从家里带来的,家的后院里,有几棵老柿子树,每年秋天枝头都会挂满红灯笼一样的柿子,谈大广最喜欢吃,一吃弄得满嘴都流柿汁。马兰说柿子是上火的,吃多了不好。谈大广笑笑神秘地说,吃柿子能补肾,你懂个屁。这次马兰从家里来,带了一袋子。带柿子不能太熟,太熟一碰就烂了,要捡那些还有硬度的柿子摘,所以,这些柿子还要晒几个太阳,就软了,熟了,能吃了。

现在,这些黄澄澄的柿子,躺在阳光里,是唯一让马兰感到亲切的东西了。城里的阳光似乎与乡下的阳光不同,乡下的阳光可以嗅到土腥味和浓厚的庄稼味,城里的阳光没有,只有干噪的水泥味混合着汽车尾气的味道。

马兰低头码着柿子,一缕头发耷拉下来,她用手往头顶上捋了一下,然后,站起身子。想到昨晚大广对自己的态度，马兰的心里又一阵子难过，不禁叹息了一声。

马兰这次来看谈大广，还有一个秘密的心事，顺便去芜市看一下警察小郭，因为这里离芜市近，这个事，她本来可以不和谈大广讲，但想了很久，觉得还是和谈大广讲一下好，她至今还没有背着丈夫做过任何一件事哩。

昨天，吃过晚饭，马兰和谈大广到马路上去散步。

马路上黄的路灯光一盏接一盏，驶过的汽车声像流水一样哗哗响。人行道边上是绿化带，里面种着花，那些小花开得五颜六色的，在路灯光下，十分好看。谈大广拉着马兰的手，两个人边走边聊着。马兰感到谈大广的手上有了老趼，这都是在工地上干活干的。谈大广感到马兰过去细长的手指，现在粗糙起来，这是在家里劳动磨出来的，两人都不免有了心疼，紧紧地握着。趁着兴致，马兰就把想去芜市看看小郭的事，对谈大广说了。

“小郭？”谈大广先没在意，“是男的还是女的？”

“男的。”马兰脱口而出。

“你们打工认识的？”谈大广警觉起来。

“是呀。”

谈大广一听，惊诧了一下，马兰在娘家时，去芜市打过工，他是知道的，但这件事他还是头一次听她说。他站住了，不高兴地把她的手甩开，眼睛睁得像铜锣一样盯着她，用手指着她说：“这么多年了，你在芜市还有一个相好的！”

两个人面对面地站着，马兰似乎能闻见谈大广粗重的呼吸，她的笑容迅速消失了。马兰没想到谈大广会生这么大的气，讲话也这么难听。也生气地说：“你不要不凭良心，我可是一个大姑娘嫁给你的。”

这一点谈大广知道，洞房之夜床单上的那朵朵梅花，他一直记忆犹新，但现在搞出一个陌生男人小郭，谈大广还是不快。他的眼睛已有火焰喷出来了，说：“那又有什么，你人在家里，心还在外面，你这个吃里爬外的家伙。”

“你甭瞎说，我们都生儿育女了，我为这个家费尽了心血，我哪一点有外心了。我不就是给你说一下，你不愿意，我不去就是了。”

两人都赌着气，一前一后地往回走，灯光把两个的影子拉得一会细长的，一会矮胖的。

路边有一块台阶，谈大广一屁股坐了下去，双手抱着腿，头拧着。汽车的灯光来来回回地扫着他的脸，一会白一会黑。

“男子汉，心眼这么小。”马兰站在他的面前，半天嘀咕一句。

“你是来看我的，还是来看别的男人的？”谈大广忽地站起来，脸拉得老长，大声地说：“这么多年了，你心里装着另一个男人，你还要我心胸多大，还要给我戴绿帽子不成。”

“你听我说说是怎么回事好不好？”马兰想给他解释，把事情说清楚，不要让谈大广误会了。

但谈大广听不进去，他怒吼道：“我不想听，有啥听头，不就想说你是一个好人吗？我不想听，你闭嘴。”

马兰知道，谈大广生气时，听不进别人任何一句话，便不想说了，有些事越说反而越混，还不如不说的好。

几个跑步的人，听到大广的声音，边小跑着，边向这边张望。马兰说：“好好，甭说了，甭在路上现世，给人看笑话。”

两人回到工地，工地上只有远处强光灯的光线，让人能模糊地看到脚下的路。进到楼洞里就黑糊糊的了，两人摸索着上楼打开竹耙的门，拉开灯。

谈大广躺到床上，抱着枕头睡到另一头去了，马兰也揭开被子睡了下去。

夜深了，两人各怀着心事，都没有睡着，谈大广把手指关节攥得格吧吧的响，马兰半天翻个身。谈大广狠狠地蹬了马兰一下，根据感觉，这一脚可能蹬在她的肚子上，马兰痛得哎哟一声，蜷卷着双腿不动弹了。谈大广不心疼她的，仍睡自己的觉。

一阵疼痛过后，马兰望着窗外黑洞洞的夜色，想，不去就不去了吧，明天回家。

马兰想着想着，头就昏沉沉地睡去了。

夜里，马兰做了一个梦，小郭站在她面前。小郭还是那么的英俊，穿着警察的制服，娃娃脸，很精神的，他笑丝丝地看着她说，这些年你到哪里去了？马兰委屈的泪水就涔涔而下，用手揩了一下，说，为了找你，我和丈夫都吵架了啊。小郭愣了一下，上前拉着她的手说，我只是开个玩笑嘛。马兰吸了一下鼻子说，这些年我一直都惦记着你。

马兰在梦中哭着哭着，就醒来了，回忆起刚才的梦境，清晰得就像真的一样，她不得不在心里忏悔，小郭对不起，我来不了了。

第二天，马兰一早就醒来了，她轻轻地下床，趿拉着鞋，拿着一把梳子，走到阳台上梳理起头发来。对面的马路上已车水马龙，嘈杂声如波浪一样卷来。有一辆乡下来的小手扶在爬坡，突突地叫着，缓慢而艰难。远处有几幢还没完工的楼房沐在晨光里，高高的脚手架静静地伫立着。马路上的路灯还在亮着，发出一粒粒白色的紧缩的光点。马兰看了一会，回到房里，准备收拾东西回家。

马兰先是找了两个蛇皮袋子，把自己的换洗衣服装进去，又在房里找找，把谈大广不穿的夏天衣服装进去，省得他春节回去再带了，然后又装了一把破旧的铁锹头，这个回家种地可以用。还有一个装涂料的塑料桶，很漂亮的，回家提提水，浇浇地。

马兰收拾着，手里握着谈大广陈旧的衣服，有两件衬衫的肩部和肘部都破了，马兰感到丈夫在城里打工也不容易，但都是为了这个家。如果不是为了这件小事吵起来了，她想在这儿好好帮他收拾一下，照顾他几天的。现在，她怪自己不该对谈大广说去找小郭的事。

谈大广也醒来了，他睡在床上，看小兰在窸窸窣窣地收拾东西，知道她是在准备回家。他一翻身坐了起来，床铺在身下格巴巴地响了一下，谈大广眯着眼睛，问："你在干啥？"

马兰停了下来，望了他一眼，说："准备回家。"

谈大广从床上跳下来，两步跨到她的跟前，要去夺马兰手中的蛇皮袋子，马兰紧攥着，两人夺来夺去，马兰的手劲没有谈大广大，便松开了。谈大广红着眼睛说："想得到美，不许回家！"

马兰说："我不回去，留在这儿还不是吵架，让人笑话。"

谈大广把袋子往墙角一扔，用手搔着满头乱发。过了好一会，鼻子哼了一下说："你和那个男人的事情还没讲清楚哩，就要回去！"

马兰愣了一下，一大早，谈大广就纠缠这个事了，面对谈大广汹汹的样子，马兰站在门旁，弯腰拉过一只木板钉的小板凳坐下来，叹息了一声，慢慢地说起这段往事来。

事情还要回到十年前，那时，马兰还是一个年轻的姑娘，因为家庭困难，她刚辍学就来到芜城打工，在城郊下杜村的一家小饭店里当服务员。家庭艰辛的生活，没能挡住马兰青春的身韵，马兰穿着饭店里的制服，身段起伏匀称。她在家时，娘老骂她是水蛇腰，不能干事，因为农村人干事要求身材敦实。没想到，城里的女孩子就羡慕水蛇腰的身材。马兰不但腰身长得好，而且五官也长得别致，鼻梁挺拔，嘴唇饱满，这样不打扮也胜出了三分美。

饭店的名字叫一品堂，是一个北方人开的，一品堂饭店坐落城边上，门口有一条年久失修的柏油马路，每天车水马龙，一品堂不远有一棵老皂角树，要两人才能抱过来，很有气势。一品堂对面有一座岗亭，几个年轻的警察每天在路上忙忙碌碌，中午就到一品堂来吃点简单的工作餐。

马兰没和警察接触过，每次他们来吃饭，马兰去上菜时，都是把菜往桌子上一放，人就走开了。有一位年纪大的老赵和她开玩笑说，这个小姑娘，我们能吃了你。马兰就不好意思地笑笑。慢慢的，大家都熟悉起来。

马兰最喜欢那位叫小郭的年轻警察，长着一副娃娃脸，一说话就笑丝丝的样子，很文静，单挑的身材穿着制服真好看。有一次，小郭竟赤手空拳，把一个拿着刀的小偷生擒了回来。小郭愤怒地斥责小偷。小偷坐在地下，低头不语。原来，这小偷在一辆农班客车上，对一位来城里看病的老人行窃，被上车检查的小郭抓到了。小偷要和小郭搏斗，被小郭三下两下制服了。听了小郭的叙说，马兰为他佩服不已，同时又为他捏了一把汗，要是小郭受伤了怎么办？

饭店打烊的时候，马兰喜欢坐在大皂角树下绣鞋垫，鞋垫是老家嫁女的图案，用红色的丝线配绿色的丝线绣，很漂亮。有时，她停下手中的活，看前面岗亭里小郭他们忙忙碌碌。她最喜欢看小郭的身影，而他永远不知道马兰在看他。小郭真的帅，有一种说不出来的那种帅。有时候他旁边会站着一个女孩子，两人说说笑笑，他们是不是在谈对象？马兰羡慕地看着两人，心里还隐隐伴生出一种嫉妒。要是能找到小郭做对象，多好啊，但自己是乡下来的女孩子，这不是癞蛤蟆想吃天鹅肉吗。想到这里，她的脸一下子通红起来，赶紧低下头绣鞋垫。

有一天晚上，十点后，客人都走了，饭店里清闲下来，马兰感到十分疲劳，不想回租房去了。总台里有一张三人沙发，拉开是一张床，正好够一个人睡的。老板还准备了被子，如果有人不愿回去，就在上面睡觉。今晚，马兰就留下来，睡在沙发上。

夜里，忙了一天的马兰刚进入梦乡，外面响起一阵异样的声音，马兰惊醒来，发现有人在撬窗子，朦胧的月色里，马兰看到窗外站着三个小青年的身影，其中一人已经扳开了窗户上的木栏杆。

马兰吓得颤抖起来，她紧抱着被子大声地尖叫起来，身体在被子里抖动着。

“小妹妹，你一个人睡觉不害怕吗？起来吧，和我们一起到外面玩玩。”一个人流里流气地说。

马兰一听，就知道是几个小混混。长这么大，她还没碰到过这事，立刻六神无主，恐怖极了。就在马兰绝望的时候，她突然听到外面有一个声音在厉声地呵斥：“我是警察，你们在干什么？”

一阵踢踢踏踏的脚步声，几个小混混慌乱地跑走了，小兰听声音，知道是小郭。小郭在窗外对她说：“他们不会来了，我在岗亭值夜班，你好好休息吧。”

马兰咬着被子，泪水一下子就涌了出来。

第二天上班了，马兰很想见到小郭，对他说声谢谢。可是小郭没有来，因为，他上的是夜班，回家休息了。马兰想，反正小郭会来上班的，再谢谢他不迟，她甚至想好了，过几天手头上的鞋垫就绣好了，就送给小郭。

不久，饭店老板带着另一个女服务员丢下老婆私奔了，小饭店便理所当然地关了门。

马兰离开饭店前，她最大的心愿就是要谢谢小郭，她想向其他人打听，但少女的她又不好意思，怕被别人误解了，店里的人，七嘴八舌的，马兰怕这种流言蜚语。

离开饭店那天，马兰又看了一下岗亭，岗亭里，那些警察在忙碌着，仍不见小郭的身影，马兰背着行李走了，那座圆形的岗亭就在她一步一回头中慢慢变远，消失。

马兰结婚后，家里的生活过得幸福而自在，这件事也渐渐地有些淡忘了。

今年夏天，马兰在玉米地里锄草，玉米秧子像青春的身子，挺直而青郁，长长的叶片，在身边划来划去，像一双小手要牵住她的衣衫。马兰直起腰时，看到家里的二层小楼掩映在村头树林的绿色里。村里盖楼房的多，但她家的楼房建在村头，大广又讲究，在楼顶上贴了一圈黄色的琉璃瓦，在阳光下闪出一层光亮来，很洋气。马兰对家里幸福的生活很满意，在空旷的地里，一个人就好瞎想心思，这时马兰忽然想到，那一年要不是小郭帮她，遭到了侮辱，她肯定不活了。她弯下身子干活时又想，可自己对小郭一句感谢的话也没说，就无影无踪地消失了，她觉得对不起小郭，不知道小郭是否会骂她忘恩负义，不知道当年那个帅气的小伙子现在怎么样了。

这件事最初像轻薄的灰尘，没有一丝重量，可以忽视，但随着日子累积下来，这些灰尘越来越重了，让她有点承受不了，成了她的一桩心病。她马兰自小到大，从没有做过一件欠良心的事。

秋后，马兰想邀大广一道去芜城，感谢一下警察小郭，哪怕就对他说声谢谢，也完成了自己的心愿。

马兰坐在门旁，早晨的阳光从门外映着她面庞的棱角、发梢，一种温馨的气息，在这个工地上粗糙的男人房间里弥漫着。

马兰擤了一下鼻子，说："这些年我真的想把这事忘了，但总是忘不掉，我们做人要厚道，你想，我一个乡下小姑娘在那种情况下，受到人家的帮助，心里是多么的感激啊。"

谈大广埋着头，手里拿着一根棍子在地面上乱七八糟地划着，紧绷的脸慢慢地松弛下来。如果妻子说的是真的，还真要去感谢人家小郭的。他抬起头来，望着马兰不好意思地说："我们明天早晨走，晚上回来。"

"驴脾气，转过弯了。"马兰嗔怪地说，眸子里又蹦出了光亮。

第二天，两人早早起了床，在路边的早点摊子吃了早饭，就赶到车站，坐了两个小时的车，来到了芜市。

芜市在湖边，一下车，就看到一片汪汪的湖水，湖水在风中轻轻荡漾，两只白色的鸟在水面上低低地飞行。从这边望过去，可以看见对岸矗立的楼群，有一座小山显得苍郁，舒缓。

谈大广没来过芜市，对过去马兰打工的这座城市，充满了好奇。

两个人在湖边找了一个椅子坐了下来，岸边是一排柳树，长长的柳丝垂下来，在风中晃来晃去的，湖水在眼前散发着湿润的气息。身边不时走过一对对亲亲热热的情侣，谈大广的感情渐渐有了复苏，他伸过胳膊搂过马兰的肩头，马兰顺势向他靠了靠，他们已很久没有这样了。但谈大广又想到，他俩不是来谈恋爱的，是来找一个叫小郭的男人的，他的心里又不痛快了。谈大广坐不住了，两人起了身，沿湖边走着，经过一条老街，两人走了进去。

老街里的人熙熙攘攘，悠长的街道上，是一色古朴陈旧的老房子，黑色的圆瓦，黑色的砖墙，黑色的木格窗子。两旁的店铺错落地紧挨着，里面五颜六色的东西和雕龙画凤的桌椅，诱惑着人的眼睛，弥漫着一种淡远的古意。

两人东张西望了一会，对老街没什么兴趣，家里的小镇上，就有老街。他们对城里的超市十分感兴趣，看到旁边有一家大超市，便走了进去。超市里面大得望不到边，那么大的地方，货架上摆满了东西，推着手推车，可以随便地看随便地拿，即使不买，也舒服。

马兰说："我们不能空着手去看人家小郭，买点东西带上吧。"

谈大广没有作声。

马兰刚往篮子里放了几样食品，谈大广就不耐烦地说："行了行了。"

两人走了出来。马兰想拉着谈大广的手，谈大广甩了一下，没有同意，马兰的心就凉了一下，知道谈大广又生气了。马兰知道谈大广考虑问题是一根筋，等他的脾气过去了，就会好起来的。

马兰虽然在芜市打过工，但那时很少出来逛，所以对芜市也是陌生的。但马兰记得那个地方叫下杜村的地方，村头有一棵老皂角树和一个岗亭。两人上了公交车。城市的街道像迷宫一样，公交车在里面钻来钻去，刚一启动，还没走两步，遇到红灯又停了下来。

下杜村站到了，两人下了车，马兰一看顿时傻了眼，眼前的景象，让她一片生疏。一条宽阔的马路，中间隔着长长的防护栏，黑色的路面上，画着白色的道道，笔直地通向远方，马路的两旁是新起的楼群，漂亮，气派。这哪里是一个郊区了，简直就是城里了，过去的那片瓦房子哪里去了，那条坑坑洼洼的柏油路和岗亭哪里去了？

马兰到一个小区的门口，问一个保安，保安告诉她说，这里就是过去的下杜村，前几年就被开发了。

马兰哦的一声，站在这片陌生的房子前不知所措。

谈大广拎着袋子，白色的塑料袋子，鼓鼓囊囊的，一走，就在腿上碰来碰去的。现在，他把塑料袋子放在地上，就开始责怪马兰了。

马兰憋屈地说："我哪知道城里变化这么快呢？"

谈大广说："这是城里，也不是我们村子，这么多年了能没个变化。"

两个人顺着马路茫然地走着，到十字路口刚一拐弯，马兰眼前一亮，当年的那棵老皂角树矗立在眼前，马兰感到亲切极了，跑上前去。

老皂角树的底下被一圈石头围了一个护栏，里面还树了一个小牌子，上面写着，这棵皂角树有二百年的历史了。

乖乖，现在皂角树成宝贝了，想当年，马兰她们在这里拉绳子晒衣服，把干菜又到树枝上去晒，一点没有宝贵的感觉。

找到皂角树，马兰的记忆就复活了。她高兴地对谈大广说，当年她打工的饭店就在这棵皂角树旁边，这前面就是原来的马路，坑坑洼洼的，大货车走到这儿，速度就要慢下来。而那个岗亭就在那里。

"回去！"谈大广黑着脸说完，就站下了。找不到人，最合谈大广的心意了，他甚至还有些得意。

马兰想了一会，还是不甘心，就说："再找找，地方虽然变了，但警察肯定还是原来的人。我们问问，搞不好能找到当时我熟悉的人哩。"

谈大广撇撇嘴，嘲讽地说："你以为你是名人啊，人家记得你？现在是人一走茶就凉，何况你还是一个打工仔哩。回去！"

马兰看到大广坚决要回去，心里就急了，眉头拧成了结，脸上布满了焦虑。这么老远跑来，就这样不明不白地回去？一定要找一找，真的找不到，回去也就心安了。谈大广见马兰不动，就要来火。

两个人正站在马路边上僵持，一辆白色的警车闪着警灯缓慢地驶了过来。白色的车子走到两人跟前停了下来，从车里走下来一位个子高高的警官。马兰一看，感到面熟，对方反应快，说："你不是马兰吗？"

"哦，你是赵警官，看我记性坏的。"马兰又惊又喜地喊着，脸上笑开了花。赵警官开着车子在马路上巡视，他老远就看到路边的这个女子有点面熟，再细一瞅，这不是过去一品堂饭店的服务员马兰吗！她在这儿干啥。

终于找到往年的一个熟人了，马兰很高兴。

赵警官问她有什么事，马兰说，来找你们的啊。

赵警官问找谁，马兰说找小郭。赵警官说："你说详细一点，光说找小郭，我们交警队里几十人，我知道是哪个。"

马兰比划了一下，说了半天，也说不出个所以然来。

赵警官说："上车，我们去办公室说吧。"说着，向旁边的谈大广瞅了一眼。

马兰向赵警官介绍了丈夫谈大广，赵警官伸出一双大手，两个人紧紧地握了一下。谈大广本来有着一肚子气，现在也不能发了，乜了她一眼，只好随大势上了车。赵警官在前面开。想到马上就能见到小郭了，马兰的脸也涨得通红，两只手不停地搓着。

警察大队是一座二层的新楼房，一走进去，宽敞明亮，两个人跟着赵警官上到二楼。赵警官打开办公室的门，两人坐到一张三人沙发上，身上的疲惫轻松了下来。马兰感叹下杜村变化太大了，都不认得了，就问赵警官当年的岗亭怎么没有了。赵警官说现在他们都在车子里巡逻了，不用岗亭了。然后，问马兰找小郭有什么事，马兰就把来找小郭的想法对赵警官说了。

赵警官就感动了起来，说："马兰，你们夫妇两人真是大好人，我们几十个警察，几乎每天都有做好事的，但像你们隔了这么多年，还找过来要感谢人家，没有过。"

谈大广坐在一旁喝着茶，看到大家对马兰这么客气，心里油然钦佩起妻子来，他暗暗觉得对不起妻子来，也许真的误解了她。

办公室里的其他几位警察听了，也都围过来，瞅着马兰和谈大广，问长问短，谈大广坐不住了，脸上的血就涨到了耳根上去，觉得热烘烘的。他端着茶杯站起了来，说："应该的，应该的，我们来晚了。"

赵警官拉过凳子让马兰和谈大广坐在身旁，说，这几年他们大队变化大，来了不少新人，也有一些老人调到其他地方了。现在找小郭，只有从电脑上找，当年在下杜村岗亭里的警察，电脑里都留有底根。

这时马兰的心才放下来，她高兴地朝电脑前凑了凑。赵警官在电脑里翻着档案，一点就出来一个人的头像。马兰盯着电脑，眼睛睁得大大的，觉得心跳得怦怦地响。赵警官在一张头像前停了一下来，说，这就是小郭。马兰瞪大了眼睛瞅着屏幕上的照片，失望地摇了摇头。赵警官说："当年可就他一个小郭啊。"赵警官又把照片点击放大，让再马兰瞅瞅，但马兰还是摇了摇头，那个小郭的脸孔这些年已深深地印在她的脑海里了，她闭上眼睛也能认得出。赵警官又根据小郭的年龄推算，电脑里的小郭当年已不小了，显然对不上。

赵警官想了想说："你再想想，是不是叫小顾？或小葛？"

马兰也糊涂了，因为当时她也只是听别人这样喊的，没有看过他的身份证。谈大广站起身也失望地"切"了一下，说："你自己都没搞清楚怎么找人？"

马兰没了声音。

赵警官按口音，在电脑里把姓葛的和姓顾的姓郭的都找了一遍，一共找到23个人，但从照片上看，一个都不是，从年龄上推测，符合条件的一共只有4个人。赵警官拿起桌子上的电话打过去，一会，电话接通了，赵警官用浓厚的方言，和对方说起话来，说了一会，放下电话，说："人家说不是的，没经过这件事。"两个人的心一沉。赵警官又开始拨打第二个人的电话,4 个人的电话都打通了,但他们都不是马兰要找的人。

“当年也有实习的警察,他们在电脑里没有底根。”赵警官感慨地说,马兰惊讶地睁大了眼睛,难道小郭当年是个实习的?那就没法找了。

赵警官安慰她说:“10 年过去了,警察岗位变动很大,你找到找不到当年的小郭,都不要紧,只要你过得幸福,就是我们的心愿了。”

找不到小郭,马兰失望极了。两人要走了,办公室里其他的几位警察也赶过来,拉住他们的手,一再叮嘱有时间再来玩。马兰站起来,感到像被抽了筋骨,全身乏力。她用手扶了一下桌子,对赵警官说:“我找不到小郭了,如果哪天遇到了,你就代我谢谢小郭吧。”

赵警官要送他们,两人坚决不要,谈大广说:“我陪她走走吧。”

走出办公室,天空晴朗的,马兰的眼睛被阳光刺了一下。走了一段路,马兰回过头去,她看到那幢二层小楼在阳光下静静的,有几块窗玻璃反射着晃眼的光亮。想到多年的愿望落空了,她的心里坠坠的难受。走到一个拐弯处,她蹲下身子,鼻子一酸,两汪泪水就热热地涌了出来,她怕这样会引起大广的误会,努力克制着,但她还是嘤嘤地抽泣了起来,蹲在一个小店铺的墙脚边,泪如雨下。

谈大广在前面大步流星地走着,忽然发现身边没了马兰,左右张望了一下,见马兰蹲在身后,就停了下来。

这时,马兰已起身,眼睛红红地走过来,谈大广问是怎么回事。马兰不好意思地说,刚才有一辆车子路过,眼睛被刮起的灰尘迷了一下。大广想,刚才身边根本就没有车子经过,他明白了小兰是怎么回事了,谈大广从口袋里掏出一张皱巴巴的餐巾纸寄给马兰,马兰接了,擤了一把鼻涕,谈大广用手紧紧地握着她的手,朝公交车站走去。一辆公交车来到身旁,戛然而止,谈大广紧拉着马兰的手挤了上去。

苹果里的星

施 玮

一

周六,阳光。四夕匆匆地在路上走。

成都难得有个晴天,太阳的脸总是躲在云后,偶尔露一下,也金贵得让人不踏实。今天,总算安安定定敞着,人们过节般雀跃,一窝蜂地涌向公园或郊外。

晒太阳,实在是重要的事。

快步疾走的四夕目标不是太阳,而是华西医院,但的她脸却像太阳般发着暖洋洋、灿烂烂的光。走进医院大门时,她又看了眼手中握着的报纸,卷握在外面的部分有张老人的照片,瘦骨嶙峋,脸上的皱纹堆聚着一份老实而懦弱,善良而悲愁的神情。

四夕对这神情太熟悉了,爷爷得绝症前后,都是这个表情。

当年,因付不起医药费,也舍不得家人背更多债,爷爷坚决要求回家。哥和爸抬着爷爷往家走,四夕跟在旁边。四夕看到,爷爷脸上坚决到几乎是愤怒的表情全没了，就连一向刻在脸上的，老实懦弱又善良悲愁的神情也渐渐消淡，让一份留恋与无奈显了出来。他定定地看着四夕，没等到家，就死了。

四夕从爷爷的眼神中看到了挣扎与求救，心里十分难过，觉得自己辜负了从小带她长大的爷爷，她没能救他。当她这样哭诉，求爷爷原谅时，父母却很不高兴，认为她是在指责他们，因为他们才是儿子、儿媳，长年在外打工，没有顾及老人与孩子。只有同样在爷爷身边长大的哥哥理解妹妹，可是作为男孩的他，就更自责了。于是早早地离开学校，去城里打工。

少女四夕并没想指责谁，她确实觉得爷爷的求助是向着她的……但她不敢再提这事，只是常在心里后悔，自己长得慢了，爷爷走得早了。等她也出来打工，拿到第一笔钱时，她的心更酸，若是爷爷晚走几年，自己就能使上劲了。有一天，她把这种心酸告诉了哥，哥却淡淡地说，就他俩这点打工的钱，不吃不喝存上多少年，也救不了爷爷。

"救谁啊？自己都救不了。"哥说。

但爷爷的眼睛仍一直看着她，每次拿到钱，心也仍是酸的。日子一天天、一月月地过去，仍是几张票子。哥哥的话，总是紧跟着爷爷的眼睛，一次次地光顾她，在梦里，也在醒时：自己都救不了！

"自己都救不了！"这句话可以让许多人的心酸，累了、木了，四夕的心酸却越来越紧，紧得生痛。十八九的姑娘，天空本该是灿烂烂的，四夕的天空上总有爷爷的眼睛。她逛街、上网、吃麻辣串、泡茶楼，可就不能静下来。

我救不了谁吗？四夕爱看报纸和电视，到处都是求援的消息，摸摸自己的口袋，她只能承认哥说的话。她把哥的话，也对爷爷说了，爷爷的眼睛却还是不闭上。

两天前，四夕看见这张报纸时吓了一跳，这个老人的脸太像爷爷了。老人叫张保国，有儿有女，都结婚生子，贫困却加倍。大儿媳王玉霞最孝顺、能吃苦，和丈夫张林相亲相爱，一个十岁的女儿也乖巧可人。她刚栽下一片苹果树苗，就病倒了。全家人的希望转眼成了绝望，求医问药，四处举债，肝病却越来越重。

因为他们家非常贫困，华西医院动用了特种资金，决定无偿为她做肝移植手术，但肝源却没有。全家只有60多岁的公公张保国，血型和指标与媳妇匹配，老人决定为儿媳捐肝。

一夜间，报纸上溢满了感人的赞叹。

二

华西医院今天挤满了人，不仅是病人，还有闻风而来的记者。走道里，被围在人群中的是玉霞婆家的人，公公张保国蹲在地上，婆婆在旁一边拉他，一边向周围的人哭诉："他爸身体不好……这肝也好不了啊！当儿媳的能让老人为她丢了命？……"

老人犟着，蹲在那，不肯走，嚅嚅地说："大儿媳对我们最好，最孝顺。"

"是孝顺啊，我就是没心没肺的？"婆婆又哭开了。"要肝要命，我都不惜，要拿拿我的去，老头子是家里的主心骨，能没了？再说，儿子儿媳孝顺，你若为他们丢了命，她就能搁着脸子活？……"

老太的话是冲着大家说的，周围听着的人实在也说不出什么，谁又能逼着个老人为儿媳捐肝呢？一个医生模样的人走进人群，劝他们离开，不要影响医院秩序。婆婆立刻拉住他说。

"我家老头签的那纸，你得还给我们！他不能割了肝去！要割，就割我的。"

"大妈，你放心，捐肝的事是自愿的。……大爷您先回吧。"

老头甩开女儿女婿的手，自己站起来，恨恨地瞪了老伴一眼，说声："丢人！"

张保国从四夕身边走过时，看了她一眼，四夕就愣住了。这明明是爷爷临死时的眼神，无奈，绝望，求救……

四夕穿过愣在那里的人群，穿过一瞬间五味杂呈的平静，走向病房。张保国的眼神没有像平日求救者的眼睛那样，加重她心里的负疚，反而让她有点隐隐的激动与欢喜。

她从半开的房门望进去，并不太洁白的被褥枕头间，露出一张黯黑浮肿的脸，女人头略略偏向窗外，细长，肿成两条缝的眼睛像两道折子，没有眼神没有光。四夕没看见她男人，把门推大些进去后，见男人蹲在墙角，头夹在双膝中。

走道里的平静开始泛起泡来，并迅速抵达沸腾。无数的话，杂乱地游过来，涌进半开的房门，突然张开血盆大口。男人惊吓地抬起头，然后看到四夕。四夕赶紧关上身后的门，抱歉地看了眼男人，就匆匆掠过他，快步走到床边。

床上女人的眉眼长得竟和自己有点像，苦涩中是浓浓的善良与温厚，四夕的心恢复了舒坦快乐，走道里的人和屋里蹲着的那个男人，都被隔在了外面。

"姐,我能救你!"

女人似乎并没注意听她的话,只是哀哀地说:"怎么会要爸的命呢,是他急晕了头……"女人说"他"的时候,瞥了眼墙角开始低低抽泣的男人,两道折子里溢出柔情。这种柔情四夕从没在母亲眼里见过,电影里也没有,她就愣着,心里羡慕起来。

"不是婆婆不疼我……是我对不是张家。树苗好不容易都栽上了,这家就要好了,可全让我毁了。苹果,好多棵呢……医生说割了肝,还会再长出来……"

"肝割了,还会长出 来?"四夕在报纸上已经看过了,这时却又问了一声。

"嗯!"女人肯定地点点头,看着四夕的目光,虽迟滞着,却亮了起来。

"霞姐,我能救你!我真的能救你!我没钱,但我可以给你肝。"

四夕的声音明亮而快乐,张林和王玉霞夫妇却慌乱了,一个从墙角冲过来,一个从床上挣扎想坐起来。

"不行,不行,我们非亲非故的……"

"说是没危险可还是有危险的……姑娘你还那么年轻……"

他们嘴里的话都是谢绝的,眼睛却死死地抓住四夕,像是抓住根救命稻草。四夕觉得那男人几乎要崩溃地哭出来了,她有点怕男人哭,忙挣脱他们的眼睛和手说:"我去和医生说。"

四夕临出门时,回头又笑了笑。"帮你也像是在帮我爷爷。"

男人像是活过来一般,一个劲地吻着妻子的额头。"有救了!有救了!我跟着去看看!"

"这样不行吧?她……"女人的眼神是复杂的。

"我,我们以后就把她当恩人供起来,一辈子感她的恩!"

男人匆匆地跑出门去。女人的眼睛转向窗外,近在眼前的希望,让她的心反倒异常慌乱、惊怕起来。老天爷!我有救了?不会死?万一……真的?

三

事情出奇的顺利。

四夕在捐肝协议上摁了鲜红的指印。当晚,她梦到了爷爷。后来不记得是因为什么醒了,但心里充满了甜蜜,甚至是幸福的。她觉得爷爷的眼睛不再睁得那么大了……

第二天的检查也都很顺利,四夕的各项指标都与王玉霞的匹配。肝移植手术的一切准备工作都有条不紊地进行。

在这过程中,四夕很单纯地快乐着,她很想告诉哥,告诉所有的人:她,十八岁的,初中没读完的打工妹四夕,能救一个人。但她谁都没告诉,她怕这件也许是人生中最有意义的好事做不成。

张林四处忙碌,跑前跑后,他不愿意多想,只希望这几天快快过去,然后一切就都好了。王玉霞强忍着过度的兴奋,一再对自己说别抱太大希望,但生的快乐就像个旋涡般把她拽进去,让她站也站不住。医院虽尽力低调,却还是越来越多人知道了这件事。当然都是敬佩赞美,却也少不了心里的嘀咕……毕竟,这事美好得不正常了。

眼看着就要手术了,按照医院规定,捐肝人的手术必须经过亲属签字,四夕只得拨通了哥哥三宝的电话。小心地说了这事,再三强调医生说只需休养两个月,就能正常上班,又千叮万嘱地让他不要告诉爸妈。

三宝在电话里答应马上过来签字,可放下电话,没走几步,突然觉得掏心扯肠地痛,肝更是痛得不行。当晚躺在床上,里面五脏六腑像是被摘走了,空荡荡得发慌。于是,从床上爬了起来……

王玉霞病房里外挤了许多人,中国器官移植史上,非亲活体无偿捐肝第一例将在今天进行,这事吸引来了许多媒体和关心的人。前几天走道上的失望和各种议论,都被激动淹没了。毕竟,与如花少女为陌生人无偿捐肝相比,六旬公公张保国为媳捐肝就不算什么了,何况又没捐成。再也没人愿意提起前几天的事,只有四夕这两天在医院没看到老人,心里有点失落。她很想对他说:爷爷,我是替你捐的。她想象着爷爷的笑容,至少她想对他笑一下。

时间过去了,四夕没有出现在病房。医院也找不到她。

平静。沸腾……

男人莫名其妙地吼了一嗓子。沸腾重又平息下来。

人散去。死寂。

四

四夕被关在家里三天了。

那天在医院门口，四夕等到的不只是哥，还有爸妈。时间还早，妈说去帮她去收拾一下行李，做完手术就直接回老家休养。四夕看哥，哥却不看她，只一把将她推上车，妈扑上来抱着她就大哭。

面包车飞快地驰离，四夕从母亲肩头，看见张林的身影出现在医院门口，向外张望着。她挣扎着要开车门，母亲竟一掌打来，"你个不孝的东西，我白养了你！"

"我怎么不孝了？你们让我要做好事，现在我就是要做件大好事，你们又不让了。"

"这是好事，这是什么好事啊？我们拉扯大你容易吗？家里又不富裕，万一留下后遗症，怎么办？谁管？"

"不用你们管！"

"你个不孝的妮子，捐肝捐肺的，那是你的肝吗？那是妈的心啊！……"

母亲哭了一路，哭得四夕一腔豪情没了大半。别说是肝，身体发肤受之于父母，自己捐的确实不完全是自己的东西。

回到家里，当晚四夕又梦到了爷爷，心想自己终究还是一无所有，一无所用，帮不到谁。

第二天，父母、哥哥都没去上班，还轮拨来了好几个人劝她。妈妈从早到晚不停地在那里唠叨，说她是迷了心窍，醒过来就要后悔死。那天晚上，她一冲动就喊了句："我只是想帮人，救不了爷爷，若救了这人，爷爷也就闭眼了。"

母亲唠叨的声音突然就停了。过了一阵，一直不说话的父亲铁着脸对她说："真是个不知好歹的。"

四夕恨自己，明明是想帮人、救人，却伤了父母的心。

隔天，爸妈就都出去了，不再和她多说，只是留下哥哥看着她。哥最疼四夕，从小到大，父母不在身边，比她大不了几岁的哥哥，像大人般宠她、爱她，吃的玩的穿的，没有一样不尽着她先的。

"哥，你让我去吧！"

哥只是不说话。低头坐在门边。

"不能帮人，白活着为啥？"四夕见哥还是不吭声。"哥……你知道我总梦见爷爷，眼睛睁老大的，我帮了他们，就不怕梦见爷爷了，就不怕他盯着我看了……"

三宝突然站起来，一边披上外套，一边说："行了！你在家待着。我去医院，你是我妹，你的肝可以，我的一定也行，要捐就捐我的肝吧！"

四夕一把抱住三宝。“哥,你可不行。你是男的,全家都仗着你呢!男人没个铁板身子可不行,还要娶嫂子生娃!”

“你不是说两三个月就可以上班了?”

“我干的又不是重体力活。”

……

两人正拉扯着,有人敲门,打开一看,是四夕打工那家厂子的老板。四夕只见过这人一两面,他不常来厂里,听人说他身体不好。老板身后还跟了四夕的爸,老板说是听工厂里的人说四夕要捐肝,非常敬佩、感动,要来慰问又不知地址。辗转打探,找到她爸工作的地方,听她爸说女儿不捐了,但还是要求来看看四夕,问她何时回去上班。

老板一个劲地夸四夕救人一命是菩萨转世,是社会好青年,是祖国的希望,是英雄……听着的都不吭声,四夕爸脸上又是愧疚又是哀求,觉得老脸真挂不住,可又不能赶人家走。三宝轻声说了句,“我妹子不捐!”

大家坐着都十分尴尬,四夕爸嘟嘟囔囔地解释着,家里的困难,四夕的营养费,将来的生活等等。老板听着,突然站起来,一下跪在四夕面前。

“你,你们一家就救救我吧!我,肝硬化晚期,我也需要肝啊。我托人去医院查了,你能救我!你们救了我,就是救了厂子,救了那么多人。”

他一下子打开随身带的小箱子,里面全是钱。

“这是四十万,你把肝给我,我不白要。”他见四夕的眼睛扫过钱,脸上浮出一丝愤怒。忙说:“我这不是拿钱买你的肝,我是敬重你的为人,即让你做成了好事,也不用为将来担心,也是补偿你的父母,替你尽孝嘛!”

四夕扭过头去,不说什么。

“不止这四十万,我帮你户口调进成都,你以后就在我公司里做,风吹不着雨淋不着,一辈子我都对你负责。”

……

五

张林犹豫了二天,终于还是带着女儿找到这里,他实在不好意思去求四夕捐肝,但更不能看着心爱的妻子离他而去,她若走了,这一家老小怎么办?小丫怎么办？他本来在屋外转着，见四夕爸和老板进屋，忙跟上去，在门外听了一会，就赶紧拖着女儿走。十岁的张丫仰着脸问，“爸，为啥走啊？不救妈妈了？”

“救！可我们穷，什么都没。”

“我们有苹果啊！这苹果多好啊，肯定很甜！小丫不吃，给阿姨吃。”张丫突然挣开父亲的手，从他提着的篮里拿了个红彤彤的大苹果，转身跑向四夕的家。

……

“老板，你有的是钱，到别处去买个肝吧，应该不难……”四夕话没说完，见小丫跑了进来。“哎，小丫，你怎么来了，跟谁来的？”

“跟我爸。阿姨，你不救我妈了吗？阿姨，你救我妈吧，我们家没钱，但我妈栽了好多苹果树，以后就有钱了。而且，而且还有苹果，我们老师说每个苹果里都有颗大星星，比天上的星星还要大。”小姑娘十分珍惜地捧起她手中的苹果。“以后我们家的苹果每个都会那么大，你尝尝，很甜的。”

四夕蹲下来搂着她。“你看过苹果里的星星嘛？”

“没有。”小丫有点害羞，低下头。“我没吃过苹果……但我知道是很甜的。”

“小丫……小丫……”门外远远传来张林的叫声。

“我爸叫我了，我走了。阿姨，你一定要尝尝这只苹果！”

“你自己吃吧！”

“我不要，我要等妈妈的苹果。她说只要我做个好孩子，她会带我看苹果里的星星。”

小女孩跑出门去，四夕跟了出去。当她远远看见张林时，也看见妈妈正向家走来。张林看见四夕，停下了脚步，四夕也迟疑地停下了脚步，只有小丫快乐地跑向她父亲，兴奋地喊着，“爸，我把苹果给阿姨吃了，它会非常甜的。”

四夕生怕母亲知道他们父女是谁，更怕她去向他们责难或哭诉，忙转身跑回家里，见老板还在和爸说个不停，就直接回自己的屋子，关上了门。她把枕头、被子都捂在头上，拒绝听到客厅里的声音。

在黑洞洞的被子里，她隐隐约约看见只大苹果，里面有颗发光的大星星。四夕也曾听说只要横向切开一只苹果，就能看见苹果核分布成美丽的五角星，但她从来没试过。

……

四夕一觉醒来，天还没亮，屋里静极了。她悄悄穿上衣服，拉开屋门。小得只能搁张方桌、几把椅子的客厅里，月光静静地透过厨房边细长的小窗照进来，照着桌上的那只大苹果，苹果被月光照得非常大、非常亮，生动地渗出红晕，美极了。

同时被照亮的，还有搁在椅子上的那个银亮色的硬壳箱，四夕把苹果拿在手上轻轻抚摸，眼睛看着那只银色的箱子，但没敢碰它。说实在的，这真是只漂亮的箱子，很时尚，让十九岁的少女四夕很想拖着它去旅行。但它里面装满了人民币，太沉了。

四夕握着苹果转身要出门时，她去拿门口衣架上小挂包的手停住了，爸正蹲在门边。爸其实是坐在一张很小的木凳上，这张小凳是四夕二岁时的生日礼物，爸亲手做的。在她的童年记忆中，这张小凳扮演了许多不同的角色。是舞台、小马、城堡；是她怀里的娃娃、过家家时的新郎；是在外打工见不着的爸和妈，也是可以乘着去看他们的汽车、大船、火车、飞机。

“爸，你不睡？”

“嗯！”

“看着我？怕我跑了？”

“看着钱？怕丢了，赔不起！”

“我想救人。是你教我的。”

“……”父亲只是低着头。

“肝会长出来的，医生说的。这是科学，医院不会害人。”

“爸，我走了！你把钱还给老板，他有钱，会找到肝的。霞姐没钱，苹果树还没长大。我想和小丫、霞姐一起，吃她们家种的苹果。”

四夕推门出去时，爸没有阻拦，只是虚弱地恳求道：“别割自己的肝，那，那是你妈的心。”

门在四夕的身后关上，爸没动窝，只是头垂得更低，钻进自己的怀里，过了会，呜呜地哭了两声，立时又收住了。

六

王玉霞和张林正在病房中收拾东西准备出院，捐肝给四夕全家带来那么多压力和痛苦，让玉霞于心不忍。张林也觉得这事不可能了，但仍是不甘心，一离开医院，就等于是看着爱妻去死，而待在医院一天，总还有一天盼头。

“我们，我们还是再等等吧？我不能让你死，你想想小丫……”

“我也不想死啊，但……要让一大群好人伤心，还要让好得不能再好的人，受那么大伤害……她那么年轻……再说，我们家这么穷，以后拿什么报恩？负得起这责任吗？”

玉霞自生病以来从没在人前流过泪，此刻却突然决堤了。她自己也不知道这泪究竟是因为丈夫的爱？还是被四夕的无私感动？或者，其实是自己面对死亡的恐惧与不甘。他们辛苦了那么多年，总算植上片小果林，自己五脏六腑只坏了一样，就全完了，从发现病情到现在，快得让人记不住，喘不匀气。

……

等四夕拿着在公证处办好的，自愿无偿捐肝文件走进病房时，王玉霞收起眼泪，态度坚决地拒绝她为自己捐肝。她说自己也有女儿，她能理解四夕的母亲，她也无法同意让自己的女儿，为别人割一半肝献出去，说什么也不能。

最后，张林和四夕还是说服了王玉霞，留在医院等待肝源。

两天后，医院通知王玉霞，另外找到了肝源，马上准备手术。当王玉霞告诉四夕这个好消息时，四夕抱着她流了泪。

“霞姐，真是太好了！可惜明天我正好有事，不能来陪你。”

“没关系！等我好了，我们去看大海，你说你没见过大海，我也没见过。”

“霞姐，等你好了，我们去看你的苹果林吧，它们一定很美。”

“很小的……只有几棵，还是树苗。”玉霞脸上的神情，害羞，而又透出自豪与向往。小丫扑到床上，挤进她俩中间说：“不小，是很大很大的果林，我们会有钱的，可以去看大海，我要到大海那边去读书。而且苹果很甜，里面有星星。”

第二天，王玉霞和四夕各自躺在不同的病房里，先后从不同的路经推入手术室。

闻讯而来的媒体记者挤满了手术室外的楼道。在这整个过程中，心情最复杂的是张林。隐瞒妻子接受四夕捐肝，同意医院为她俩做移植手术，这一切都像巨石般压着他的心。他不知道自己心中是爱更多，还是自私更多？是柔情更多，还是冷酷更多……

四夕一早在病房里接到父亲的电话，父女俩没说几句，都哑着嗓子有点哽咽。最后四夕说：“爸，我进手术室了，以后你不要再喝酒了，你们都要保重。”她说完就关了机，对医生点点头说，“走吧。”

四夕被推进手术室之前，交往了半年的男友匆匆赶来，扑通一声跪在推床边，将一朵百合和三朵玫瑰献给女友，喃喃地说：“我等你……”闪光灯纷纷地亮着，抓拍这感人的一幕，张林却被这爱情惊得想转身逃开。

“林哥，帮我找个瓶子把花插好，我还第一次收到花，真漂亮！别弄坏了。”四夕叫住了他。“带他走吧……那么多人……”她的脸上，泛起害羞的红晕。

张林拿起那花，手抖个不停，之前他想的都是爱妻玉霞，是他们俩之间的恩爱，救爱人就是他不顾一切的动力。此刻，四夕这姑娘才第一次活生生地进入他的心，不再是个捐肝的好人，而是个正在恋爱的姑娘。那一刻他有种冲动想阻止四夕，但回过神来一看，手术室的门已经关上了。

等待的过程是漫长、熬心的。下午两点多，四夕的母亲和哥哥赶到了医院，从公交车上下来的母亲，已经伤心得瘫软了。出门前丈夫再三叮嘱，既然女儿心意已定，就还是支持吧，她也一路想了许多支持的话，她想对女儿说无论家里多穷，爸妈都是她的依靠，爸妈理解她，也为她感到骄傲。

可到了医院，女儿竟然已经进了手术室，一路上想的支持的话就全没了，她只是觉得撕心裂肺地痛，痛得她站不住，痛得她必须大声地哭喊出来。

张林在这哭喊声中彻底崩溃，他泪如泉涌地蹲在地上，后悔让四夕为妻子捐肝。

周围的人原本是来观看和报导英雄的，此刻，在这位母亲的号啕大哭中，才突然像是手里握着了血淋淋颤动的肝脏，心被牵扯得生出真实的痛来。一时间，静极了。甚至无人举得起沉重的摄影机。只有母亲独自的哭诉，描述着一幅幅可能有的悲惨未来。

七

手术非常成功。四夕55%的肝放入了王玉霞的体内，她俩都康复的很好。

献花的男友迫于父母的压力，考虑到将来的生活，与她分手了。

四夕成为全省、全国的感动，荣誉和捐款纷纷而来。

四夕的父母接受了十五万元爱心捐款，生活得到改善，并化五万元买了套二手房。

一时间,非议如潮,公开、私下都争论不休,各种猜测都有。无私的捐献演变成了沽名钓誉。

为了堵住人的嘴,四夕一家卖了那套二手房,并倾其所有开办了老幼托管中心,不仅捐款全部投进去,还借了许多钱。父母和四夕一起照顾无依无靠的老人和留守儿童,他们之间的那道伤渐渐弥合。爷爷的眼睛,也终于在四夕心里闭上了。

可畏的人言平息了,英雄的爱心圆满了,但有限的资金和较低的收费,让托管中心经营得十分艰难。母亲时不时会数落两句:“当初就不该在乎那么多流言,最后弄得自己吃亏。”

四夕也知道,若不建托管中心,他们家的生活可以过得还不错,自己也不会那么累。但她喜欢老人、孩子。听老人们在太阳下摆龙阵,和孩子们做游戏,还可以天天和父母一起吃饭,她感到非常满足。

托管中心能支撑多久,谁也不知道,四夕一直很想去看看霞姐和小丫,想去看看那片苹果树林,但她一直没去,因为不知道怎么对她们说之后的事。已经二年了,霞姐和小丫也没来找过她,也许是苹果树还没长大吧。

……

地震了。

托管中心成了一片危房和断壁。

中心前空旷的广场上,搭起了一座座大帐篷。

最多时有近三百人,最后还剩二位老人和一个孤儿。

那晚,天很黑,没有月亮,天上的星星特别大,大极了,大到似乎要挂不住,掉下来。四夕走进托管中心的院子,这里已经不能再住人,荒草都长起来了。忙碌了这么多日子,竟没顾得上再来看一看。

园里的一棵苹果树,竟然结了果子,虽然还只是青色小小的几颗。她想,再过两个月就可以去看霞姐的果园了,应该会是个大丰收!她想和小丫一起,切开一只最大的苹果,她想象着里面那颗美丽的星星。

四夕离开院子后,突然又跑回去,摘下一只青色的小苹果,决定明天就去看她们,若她们的苹果树还没结果子,就和小丫一起切开这只小小的青色的苹果,看星星。

沙上书

郁笛

巴拉曼的黄昏

来到布尔其村的前一天,这里一定是刚刚下过了一场罕见的雨。车子在离村子好远的地方就进不去了。下了飞机,又上了车,此刻的步行,在夹道的树木和松软的泥土之间,便有了一种时空倒错的感觉。高大的杨树蓬松着一条算不上宽阔的沙土路,低洼处,还汪着一些明晃晃的雨水。我们就是这样深一脚浅一脚地进入村子的。

隔着一排杨树不远的果园里,是一片又一片连绵的核桃林。看不见核桃的核桃林里,枝繁叶茂,一派青葱。而时光的斑斓,在这些茂盛的叶子的过滤下,更显得支离和破碎。你置身在一片完全陌生的土地上,嗅着这些曾经遥不可及的泥土和植物的味道,若隐若现的农舍和树林里点缀其间的庄稼地,真就觉得,印象里干旱少雨、黄沙漫漫的和田,一下子变得诗意和田园起来。

是呀,果园毗邻着一些整齐的玉米地。一辆毛驴车,和它上面胡乱堆放的柴草，像油画中的静物描写，静止在一些阳光和树叶无声的喧哗之中。那些孩子们，围拢在一片堪作纱帐的玉米林里，不时露出顽皮的脑袋来。整个下午，或者整个的童年的时光里，谁还会找到比这些嬉戏在乡间的孩子们更真实的生活？那些不事喧哗的树林和果园，成为这些庄稼地上被渐渐拉远的背景，多么繁茂的生长，也不曾破坏了大地上的安静。

玉米林里的劳作者，她们弯下了腰，又直起身来，红色的，或者绿色的头巾遮住了她们羞涩的脸庞。远远地，她们就发现了这些手里端着相机喊哩咔嚓的采访者。她们扭过头去，或者一转身，钻进了玉米地里去。不一会儿的工夫，她们便出现在另一片果园和庄稼地里，依然是一些稍纵即逝的身影和艳丽的头巾。我有些犹疑，这些年轻的维吾尔妇女们是否真的是在田间劳作？也许，她们也和我们一样，隔着一片果园和玉米林，打量着这些突然间的造访者。是出于好奇，

还是固有的风俗？

而泥土夯筑的院墙和房舍，远远地看上去，涂着一层旧日的时光和泥土色的金黄。我们踏入的这个小院里，住着已经八十多岁的伊干拜德·艾山老人。他是和田地区为数不多的巴拉曼艺术的传承人。他的院子中央，长着一棵高过了房顶的枣树。枣树的枝干，几乎就要盖过了整座小院，而枣树下面，一张刷着天蓝色油漆的木床已经有些斑驳了。清瘦的伊干拜德·艾山老人用手撸了撸下巴上的雪白胡须，抿着脱光了牙齿的笑容，谦逊地握着每一个人的手，嘴里还不停地念叨着什么。几乎没有人能够听得懂老人说了些什么，只是，从那略显苍老和沙哑的声音里，你能够感受到一种长者的真诚和久远的教诲。

接下来，巴拉曼的黄昏开始了。艾山老人和他的演奏团队，四个人，还是五个人呢，清一色的老人，他们在院子外边一排杨树下面的长条凳上坐下，各自从自己的口袋里摸出一根“芦管”一样的东西，放进嘴里吹了几口气，然后，相互示意了一下。紧接着，一声喷薄而出的“呜咽”之曲，宣告了这个掩映在树林和庄稼之中的小院里，一场乡村音乐的盛宴，开始了。四五个老人，脸色红润，他们鼓起的腮帮子里，憋足了一口气，在那根细细的“芦管”里，流淌出绝世的欢愉和悲凉。

黄昏，是这场乡村音乐的盛大背景。从树顶上泻落下来的光影，打在老人们黑红的脸膛上，细密的汗珠，泛出了明亮的光芒。让我感动的是，面对摄影和照相机的狂拍乱照，演奏者竟然无动于衷，他们完全陷入到自己的音乐里去了。古

老的音律，简朴的乐器，在一双双粗糙的大手下，流淌出磅礴、粗粝而又细腻、温婉的声音。其声呜咽，其音悲切，苍茫悠远里，隐含着整个世界的悲恸，这一节节粗鄙的芦管，竟能释放出如此撼人心魂的力量。我仔细观察了这些巴拉曼的吹奏者手里的“芦管”，类似于我在童年乡间玩过的“柳笛”，大凡乡间的趣味，在这些老人们的手里面，一点都没有散失。

而有谁知道这种“会唱歌的芦苇”，就是千百年来，隐匿于汉唐诗赋中的“筚篥”。筚篥者，声音低沉悲咽，故有悲篰和悲篥之称。有羊骨或羊角制，亦有竹制、木制，树皮制等，我们在和田乡间遇见的“筚篥”，显然属于古老的“芦制”。即在一根特制的芦苇上钻孔取眼，不仅需要制作者懂得音律，还需要演奏者拥有高超的演奏技艺，更为重要的是，只有这些饱经风霜的演奏者，阅尽了人世的沧桑，才可以传达出如此丰富的人生况味。

遥想当年，这古老的“巴拉曼”，作为经由西域传入中原的胡乐，进入宫廷，及至朝野风靡，成为延续至今天的民间吹奏者们，源源不断的音乐之魂。

黄昏的光影渐渐暗下去了，巴拉曼的余音未了。树阴、果园，影影绰绰的玉米地，羞涩的少女和在泥土里滚爬蹦跳的孩子们，全都幻影在这场乡村音乐的盛典里了。

四野垂暮，巴拉曼的黄昏，却不忍散去。

麻扎塔格，涉沙而过的河流

告别了麻扎塔格，浩瀚的塔克拉玛干已经从狂烈的燥热中抽身出来，沙漠边缘的一小片树阴下，挤满了一群疲惫不堪的人。夕阳西斜的时候，不知道是汗水还是泪水蜇疼了我的眼睛。我用沾满了沙子的手揉搓着眼睛，视野里昏黄一片。

我们栖身的这一片野生胡杨林，因为靠近了河水的缘故吧，还有一些多余的枝丫上缀满了叶子，虽然看上去坚硬无比，倒也不失一分荒凉里的寂寞。

面前是一条接近于干涸的和田河。在这个季节里的和田河，宽阔的河床上沙坑遍布，有限的几汪水洼，像大地上破碎的镜面，水洼里的天空，陈旧而凋残，使你不忍多看上一眼。而接下来，更多的水洼连缀成片，凶险莫测的河滩上，不知道你的下一只脚该踏向哪里？

由这条枯水季节的和田河，我想到了它上游的两条伟大的支流——分别发端于昆仑山脉的玉龙喀什河与起源于喀喇昆仑山的喀拉喀什河。和田河，旧称和阗河，是昆仑山北坡最大的河流。和田河在穿越塔克拉玛干沙漠之后，与阿克苏河及叶尔羌河汇合为塔里木河。在横跨塔克拉玛干沙漠的过程中，这条孕育于苦寒之境的河流，蒸发、渗漏严重，水量大减，所以我们能够看见一条河流的衰亡，目睹着一片又一片绿洲的消失。

都说河流是孕育文明的母体，沿着这些古老的山系绵延而下的河流，孕育了同样古老的和田绿洲，也诞生了红白山（麻扎塔格的别称）这样的奇特地貌和神秘的文化遗存，套用一句资料上的话说，成就了一处"令人生畏的荒漠景观"。

麻扎塔格，维吾尔语"坟山"的意思。今天的红白山上，汉唐戍堡、烽火台等残存的遗址清晰可见。传说，当年老子骑青牛出关，一路西行，飘摇西方的时候，最终消失的地方就是此处。当然这样的传说已无迹可考。而作为盛极一时的"交通枢纽"，红白山到底是衰落于一场又一场漫长的宗教战争，还是源自于时间的荒芜，更多的谜团，也只有把答案留给时间了。

我说的是沙，是和田河里湿润而黏稠的河床上的沙。我们的越野车，像一头顽皮的小公牛，正憋足了劲，往对岸的河滩上拱呢。在远处的树阴下看着不起眼的水洼，其实牵连着数不清的明流和暗渠，稍不注意，车轮就陷进去了。众人眼看着着急，车拉人拽，嘻嘻哈哈地像一场游戏。可是，同样的游戏，一场又一场，终于使人厌倦了。一行人，七八辆车，呼呼啦啦地爬上对面的河岸，已经天色不早了。想这一大早从墨玉县城出发，长路短停，几乎没有多少喘息的机会，一晃眼，头顶上的太阳就要落山了。

和田河有多宽呢？几公里吧，还是十几公里。我站在河对岸的一片沙地上回身望去的时候，只觉得水洼闪烁，湿地渺渺，曾经栖身的那一片胡杨树林，像一蓬蒿草一样，几可以忽略不计了。倒是麻扎塔格山依然红白分明，在太阳渐渐西斜的余晖照映下，泛射着一层神秘的光晕。

如同对岸的沙地一样，我们涉河过来的岸滩上，依旧是望不到边际的胡杨林地。又有车陷进沙漠里了，大伙下车，一阵推搡后，汽车轮子在沙子里飞快地旋转，倒起的沙尘遮天蔽日，使人不敢近身。折腾了一阵，大多数人退下阵来，只留下几个师傅在研究对策。趁这个当儿，我和几个叼着烟卷的哥们，重新回到河岸上吹一下风，呼吸一点新鲜的空气。我不会抽烟，但我在这个时候特别地欣赏这几个吞云吐雾的家伙，似乎，只有在这样荒绝的处境里，你才能体会到那些明灭在烟头上的火焰，呈现出了另一种与荒漠、老树和这几近干涸的河床融为一体的灭绝感。

我在想，我是不是一个缺乏同情心和集体荣誉感的人呢。当众人们一筹莫展的时候，我的心里却生起了一种坏坏的感觉。我希望陷进沙子里的车轮越陷越深，陷得越久越好。你想呀，大漠孤烟，荒山枯水，胡杨低垂，斜阳夕照，流沙似火——多么古老的诗意，多么遥远的向往，一下子全都在你的眼前铺展开来。我似乎还忘情地张开了双臂，向着那一轮渐渐西沉的斜阳，高呼着什么来着。完全置一行人的困境而不顾，狼嚎一般的嘶鸣着，畅快淋漓，忘乎所以。我甚至找来了一截枯朽的树枝，拄着它，往沙漠的深处走出了好远，直至听得身后有人呼喊着自己的名字，才转身折返。原来，师傅们就地取材，找来树枝铺在沙子上，让一辆辆车平安地驶出了沙漠的陷阱。

我不禁有些失望。如此袒露的荒漠景观，有人竟然无动于衷。我想，我是一个属于荒野的人吧，一个内心里装满了荒凉的人，当大家欢呼着上车的时候，我却有一种说不出的沮丧。难道，这一路上的凶险，或者灰头土脸，不正是我所需要的吗？

我们所谓的一生的远方，在哪里呢？我知道，在命运的前方，在不舍昼夜的漂泊里，那些凶险未知的远途上，有我遥不可及的风景。

吐尔逊的庄园

这是什么时候了？阳光疏朗地散落在夏合勒克庄园的梨树下面，梨园里的荒草，已经长到齐腰深了，一些熟透或者坠落下来的梨子，在阳光的作用下，散发着难闻的酸腐气味。整个庄园的气息是衰败的，她和这个季节里南疆大地的气息，有些不相协调，草木的荣枯里，见证了万物的此消彼长。作为一座被荒弃的林子，多年来，夏合勒克所呈现的，正是衰朽不堪的时间的荒芜。

我们的目光，当然还是枝头上那些明晃晃的梨子。有人用力地摇晃着一棵梨树，看那梨树上缤纷雨下，树底下手忙脚乱地接梨人，也都展露出缤纷的笑容来。大多数梨子都落入草丛里，能把梨子真正接到手上的人少之又少。人们争先恐后地拥到梨树下来，事先是没有做过练习或预演的，所以在这样的时候失手了，并没有人在意。接住了梨子的人喜笑颜开，一个劲地举在手里炫耀着，没有接住梨子的人，也没有闲着，他们很快就从树底下的草丛里捡回来更多的梨子。不知谁从哪里扯来一根水管子，大家把手中的梨子在水管子上一冲，一口咬下去，满嘴的梨汁，顺着嘴角流淌下来。

然后有人发现，梨子的种类又是如此之多。陪同者不失时机地说，各种梨子大家都可以尝尝。我忘记了问，这个庄园的梨子从来没有卖过，还是早已经过了出售的季节，满林子的梨树上，都是熟透了的梨子。荒草掩映的林子里，还有一些细小的水渠蜿蜒流淌，闷热和荒寂的气息里，陡然多了些湿润和灵动。有人一伸手，或者踮起脚尖轻轻地一跳，就把一枚黄澄澄的梨子抓到手里了。有人扳着一根树枝不愿意松手，试图要取下更高处的梨子来，看那贪婪的"蛮腰"和一根倔强着不肯屈服的树枝较劲，不免让人哑然。

我也是一个不折不扣的掠夺者呢。远远地，我就看见了躺在梨树浓阴里的一张木床。木床的颜色早已脱尽了，但粗糙的纹理上却并没有伤痕，看上去结实、有力和不曾弯曲的完整。这是果园的看护者吗？但与其庄园久远的历史似乎又不相吻合，或者，它应该是一个纳凉者的床榻。但是这么空旷的林子里，哪里去寻找一个需要纳凉的人呢？

不管我怎样费尽了脑子去猜想，木床就这样赤裸着躺在一棵梨树的下面。有好事者先我一步窜上木床，伸手把一根缀满了梨子的树枝拉了过来，给走在路边上的人来争相抢夺，仿佛这梨子是他的天然赏赐，神态里尽是一种君临天下的满足感。这个时候，梨子已经吃得差不多了，没有人愿意再往自己的肠胃里增加负担，但是那种采掠者的兴奋和痴狂，一点儿都没有减少。有更多的人跳到到木床上去了，以达到和梨子的亲密接触，扯来树枝或者摆出一副采摘者的架势，故作姿态地合影留念。

我几乎忘记了这是一次慕名的造访。夏合勒克庄园的萧条和满园梨树上的丰硕果实，使我误以为这只是一次梨园的体验之旅。在那些并不漫长的时光里，作为一座集政权、族权、宗教权于一体地主庄园，夏合勒克庄园的统治者——十五名"胡加"(即庄园主)早已经烟消云散了。这里曾经是一片权贵云集的庄园群。十五名"胡加"拥有各自用财富和权力建造的华丽园房舍。甚至直到上个世纪的五十年代，大小不一的十四座庄园才被拆除。我们今天踏访的，是这个庄园群唯一一座现存于世的庄园——吐尔逊汗庄园。

吐尔逊号称开明人士，经常来往于印度、巴基斯坦等国经商，后在国外定居。因为吐尔逊汗经常往国外跑，所以把庄园修得精致“洋气”。现在庄园里还完整地保存着一套夏客房，包括了凉厅、藏经房、男客厅、女客厅等。难以想象这些建筑，灯盏，还有书写在桑皮纸上的律法、经典等，虽然经过了岁月的蒙尘，却依然如此完整地呈现着主人昔日的荣华。

一圈走下来，庄园里花木繁盛，有草有树，浓阴处，几近蔽日，桃、杏、梨、桑、樱桃、李子等杂树生花。只是在这个游人稀少的季节里，倒生出了满目的荒凉来。

在南疆，在漫长的黄沙与和田绿洲的交汇处，在时间的巨大洪流中，一座庄园的兴衰荣辱，早已经淡入了历史的风尘。如果说我沉浸在这座庄园满目的荒草和果园之中，不如说我更愿意回到这个炎热的季节里，体会一些寂静的浓阴和无声的草木。甚至说，这些庄园里的花园、客房、水池等曾经华美无比的建筑也不是重要的，只有这荒草和无人看守的梨园里，空空流走的时光，无声无息的坠落才是摄人魂魄的呢。

那些荒草和昔日的花园里，硕大的空旷掠走了大地的喘息，她的生长是如此的缓慢，甚至你无法用了一生的等待，去面对一次不期的相遇。远方，永远是无法确定的。远方，永远只是你的下一次。永远无法重复和抵达的地方，才是远方。所以我们太多的宿命中，才有了对远方永不枯竭的追慕和向往。

尽管夏合勒克庄园仅仅距离墨玉县城十六公里，在我的经验中，她依然是我偏远的远方，偏远得让我没有办法在自己的旅行中真实地找到她。不管怎么说，我都愿意回到这样的远方和乡野里来，这座名叫夏合勒克的吐尔逊的庄园。这么遥远和荒僻的沙壤上，我需要的不是一座庄园，而是这荒野里的沉寂，和无声无息。

岁月多情

刘荒田

今天,2012 年 7 月 14 日,应友人之邀,到唐人街赴宴。友人知道我不喜欢这类应酬,一并邀请刘洪根,请他接上我。刘洪根是我的同村乡亲,还当过我的学生。我和他约好,在金门公园另外一侧的列治文区富吞街碰头。洪根说,富吞街离你家很远呢。我说,散步是我的日课。

10 点 40 分,出门去。为了走路,穿了带破洞的球鞋。阳光依然是温吞水一般,海风不减其凌厉,使得百多年前马克·吐温的抱怨"最寒冷的冬天是旧金山的夏天"依然成立。但毛线衣加夹克,太多了,到了林肯大道,便要脱下外层,夹在腋下。

走进金门公园。坑坑洼洼的是草地,下了一个坡,又一个坡。走上一条公路的边缘。一辆自行车大呼小叫地驰近,是母亲载着女儿,都戴着头盔。我回头看她们走远,感动起来,上帝真是仁慈,他造了人,他给了人一个足够长的成长期。这对母女的前头,有多少好风景啊!

忽然想起，从前，在这里步行过，那是1980年的冬天，距今将近32年。那时，我在唐人街读“四四制”职业训练班，上午上课，下午到下城的“马车”西餐馆实习。在里头以大型和热闹称雄金融区的酒吧当码酒瓶和洗酒杯的下手时，和白人吉米成了朋友。蓝眼睛、金头发的吉米，50岁上下，参加过韩战，以军械上士的官衔退伍（这是载于他的名片上的），是“马车”的资深调酒师。他最得老板喜爱，因为他在资本主义社会彻底地实行“忘我劳动，不计报酬”，他的上班时间是上午11时，但天天9时前便来了，码杯子，盘点，补货，为收款机换纸带，至少一天白干两个小时，唯一的回报就是一顿丰盛的早餐（不全是白吃，中国厨师尤金给为他煎两只一面生的鸡蛋，加五根熏肉和一勺马铃薯泥，吉米往他的围裙口袋塞上两块钱，那年代，麦当奴的早餐也不过两三块一客）。他喜欢上我，因为我勤快，而且从来不会顶嘴（连听也没听全，还敢乱说？）他有过几次婚姻，没人晓得。但最近，他的分居妻子回心转意。这消息，是他自己到处宣扬的。在酒吧逢人就说，兴奋起来胖而歪斜的肩膀更要一边倒似的，蓝眼睛眨巴着。星期五下班前，吉米拉上中国人伊凡当翻译，在酒吧里面三人面对面，问我明天能不能去他家。我问当然可以。我问，去干什么。吉米作了拿滚筒漆墙壁和拿扫把扫地的姿势，那倒是我看得懂的。伊凡替吉米翻译完，再以吉米听不懂的广东话告诉我，吉米的老婆后天一早搬回吉米租赁的屋子，明天要做好迎接的准备。

星期六早上，我坐巴士穿过金门公园，到了吉米的家。1200元租金，一栋小楼，别说我这穷光蛋，即使月薪、小费加上退伍津贴，税前收入近3000美元的吉米也嫌吃力。可是，吉米只怕怠慢娇妻，绝不计较口袋“月月光”。我要干的活计是在给车库和车库后面的杂物房油漆和清洁。这是粗话，他信得过我。至于二楼，从给所有窗帘和地毯吸尘，换床单，整理衣柜和鞋架，布置鲜花，挂两口子的合照，这等技术活，则由一位墨西哥女佣包办。我兴冲冲地干了6个小时，午间吃吉米送来的火腿三文治，那是他昨天买下，放在电冰箱的。吉米长于示范，“手这样握刷子，这样扫过去，啧啧，不赖——”“噢，我的老天，完了！补课，再刷一遍！”其实，活计只够干3个小时，但他非要我磨蹭，光是刮掉方形洗手槽周围的污垢，就费了两个小时。我离开时，吉米塞给我40块钱。我遵循国内的交友之道，坚决不要。他生了大气，吆喝着，粗颈项上的血管差点变为出土的蚯蚓，最后，把两张20元钞票塞进我的上衣口袋，把我推出去，旋即关门。我惊愕地站在门口，他上了楼，从窗子探头，向我挥手，说谢谢你帮忙，再见！调皮的蓝眼睛眨巴着。第二天,吉米上班以后对伊凡告我的状,说我不懂规矩。伊凡责备我,说干活拿钱,是美国的铁律,以后不要再被嘲笑为乡巴佬。

我在街上转了一会,白色的雾气游走在寂寞的草地上,几乎见不到人,遛狗的女子在远处闪过。我在刚才下车的巴士站,站了30分钟,巴士没来,不耐烦了,走路!开始时照巴士路线走,走得兴起,改道进入金门公园。

一样的路,一样的风景。树的年轮,人的皱纹。草地的绿,头发的黑与白。这条横穿公园的南北向公路,我驾车经过无数次,但脚板没触及软软的沙土。不知道是走在"从前",还是"从前"回到"当下"。漂着绿萍的池塘,被梧桐树遮蔽了一半,梧桐在仲夏进入全盛期,翡翠般的叶子密匝匝的,把水面折射的稀薄阳光吸进绿色深处。一队大型哈利牌摩托车开过,该是俱乐部的集体行动,一律男人驾驶,女士坐在后面,一色黑皮夹克。都50岁开外了,无不镇定自若,不知是大马力、加长型的车给了底气,还是他们给机动车添了活力,只有对自身魅力洞若观火的人物才这般目不斜视的。车队的后面,一个30多岁的汉子骑自行车,蹬得兢兢业业,后座上的儿子一味做鬼脸。

我的光阴如此多情!这一结论是走到第19街道街口时从脑际闪现的。不是吗?上一次和这一次的分隔,成为恰到好处的中点。我从32岁到达64岁,依然可以靠两条腿穿越时空。记得上一次,到了这儿,才宣告对巴士绝望,不再回头看,径直走上贯穿金门公园的公路旁小道。那年代,家里一台带圆盘的电话机,已教我这新乡里受宠若惊,我那天既没借用吉米家的电话给家里报个讯,也没在路旁的电话亭给投币孔投下10美分。明明知道妻子在家牵挂。而劳苦和期待,是可以把时间拖长的。

那年头,我周遭的美国,和现在比,自然陌生,新鲜,神秘得多。厄荣街的汉字招牌,中文日报的招工广告(那一年,人生理想极为卑微——当赚小费的"企台"),居民区的悠闲情调和商业区的竞争气息,一个不在乎吃苦的新移民。走吧,我在起起伏伏的小路上兴冲冲地迈步,身边呼啸的,是轿车,坐着在万紫千红中探赜索隐的观光客,还有当今流行的"多功能车"的前身——箱形车,载着去公园内足球场练习的中学生。30年过去,依旧太平世界,景色没太大变化,变的是人,还有人的服装。1980年,美国人的后脚还来不及从反叛的70年代抽出来,长鬓角的男人和喇叭裤的女子偶然见得到。但在公园里,谁都穿休闲服,那倒是变不出花样的,充其量是运动衫上的字句和图画换了。

经过一个野餐专用区，一对马来西亚来到情侣对着地标牌，查荷兰式风车位于何处。不远处一个厨师模样的胖子在作烧烤的准备，依稀嗅到日本产“塔拉雅集”酱汁的香味。草地有如白人女子的眼瞳，晶莹地绿着。

再往前，是一个巴士站，上次穿越时它肯定没在这里，这种以厚玻璃为墙壁、塑料板为盖、挂着电子信息牌的统一样式，是本市到了新世纪才普遍设立的。一个年龄和我相仿，但比我雄姿英发许多倍的男人，雪白的衬衫，烫折触目的“达克”长裤，在庄严地演说。供候车人坐的简易小凳子上，放着一本带图解的小册子，似乎是关于什么“经”的。“诸位千万不可草率，此点至关重要。”我捕捉到这一行，居然是地道的乡音。我揣测，虽然此公面对的是芦苇和橡树，并无听众，即鲁迅所慨叹的“无物之阵”，但不会是表演欲过剩的精神病人，而是作实战训练，今晚他将登台，镁光灯下的讲坛，会场上的崇拜者，掌声——他拥有成功人士应享的尊荣。不过，单单截取“练习”这一片段，便成我一部分人生的象征。这 32 年间，我没有放弃的，便是类似于“无人处大呼小叫”的写作，纯然为了发泄，所以不敢庄严其事。好在，我已走过“众人皆醉我独醒”的愤懑期，也走过“恐修名之不立”的追逐期，往“坐看云起时”的空灵期前进。

走上连接日落区 19 大道和列治文区要塞街的一段，小路紧贴公路，车的流水从耳畔滔滔流过，谁也不会给一个左手挽着巧克力色夹克的东方老头子多看一眼。一路是细叶桉，路面被叶子覆盖了一层又一层，踩上去，酥软如春泥。褐红的、杏黄的、乌黑的，斑驳的、破碎的、完好的，如剑如刀般锋利的凋零之物，是它们把岁月切割为日与夜，明与暗，生和死吗？也许不是，它们是时间与空间无时不进行的混战所留下的，没有胜负之分，只能作意味深长的见证。不过，即使是最底层的腐叶，也不可能印上 32 岁的健步，那不要紧。业已做好跋涉和摔跤的准备的脚，有路承托着，不管里面铺的是泥泞、碎石还是柏油、水泥。

那一回，走出树木蔽天而冷意森然的公园区，就是铺满阳光的富吞街，再走两三公里，在第 16 街和格里大道交界处，是我租来的居所。月租 200 元，车库改成的。露出水管的矮天花板，下雨天有水漫过地板的卧室。破地毯上碾过女儿的自行车，用第一笔工资买的 26 英寸电视机前，晃着儿子的大脑袋。同甘共苦的妻子，那年 30 岁，在缝纫机前赶做车衣厂送来的裙子。那就是我在异国的依托。后院多刺的冬青树伴着我栽下的白菜苗，一似月光搅拌鲜美的乡愁。在路上，想到因了出外一整天没给家里打过电话，妻子一定急坏了。我进家门，她会抱怨，然后捧来一碗“清补凉”汤。

人生之美，莫如有路走，长长的路。此刻，和 32 年前一样，路在前面延伸，即使连接它的是未知，是虚无，乃至陷阱，也比无路可走的家乡好，更比几步就走完好，好在一路有的挑战和希望。好莱坞著名影星 64 岁的苏珊·萨朗登今年初接受《人物》杂志记者的访问时，说了一句比她在励志电影《阿甘正传》的台词“人生就像一盒巧克力糖，你不打开来吃就不知道是什么滋味”更让我欣赏的话：“想到前面还有那么多东西我弄不明白，真是快乐透了！”

我走出兴头了，步幅大大的，呼吸依然均匀。刘洪根来电话，问我在哪里。我说在树林里头。面对着林子里弯曲而崎岖的路，我成了在村里赚大寨式工分的知青，眼前有大片等待栽下秧苗的稻田；我成了乡村小学月薪 25 元的民办教师，办公桌上堆满待批改的作文簿；我成了旧金山勤劳但不勇敢的新移民，只知道路是有得走的。说时光多情，是指它的赐予，如此之长久，丰富，让我尝遍人间百味，不错过生命的全部阶段。

这不，我一路走过来了。我的家，转移到这一段路的后面，我的家里，第三代——外孙女，没到当年她妈妈的年岁，正被她外婆抱着，吮吸奶瓶。“不行了，太多了，4 盎司吃完，还要哭闹！”外婆的抱怨就是骄傲。

走到富吞街，一身冒汗。坐在靠近第 18 街的巴士站，拨通刘洪根的手机。

风流古凉州

周 步

凉州的历史太遥远了，遥远的如同中国的历史的手抄本。凉州在秦汉之初，就是一个活跃在中国历史舞台上的西北地区最大的城市。那时候的凉州不叫凉州，也不叫武威，叫姑臧(或盖臧)。“姑臧”是匈奴族语言。姑臧城由匈奴人所筑。据说姑臧城有头有尾，有翅膀，如鸟形，也如龙形，所以也叫龙城。匈奴是北方草原上一个强悍的民族，匈奴最强大时，占据了整个北部草原和宁夏、山西、陕西、河北的部分地区以及甘肃的河西走廊到新疆葱岭的大部分地区。所以，那时候的匈奴，可谓与大汉平分秋色，甚至在汉初的几次战争中，匈奴连连胜利，迫使大汉王朝以“和亲”的形式维持双边关系。和亲，就是以牺牲汉朝女子为代价，换取暂短的边防安定的外交政策。

匈奴何以如此强悍、迅速崛起并发展壮大的呢，这与他们的民族风俗、地域特质、生活习惯、宗教信仰、人体素质、价值取向等有关，但更主要的，是他们占据了战争最有利的资源——草原和马匹。在冷兵器时代，马匹的多少是一个国家军事实力强弱的体现。所以,占据了焉支山、祁连山、阴山等草原的匈奴,才有如此的强盛和嚣张。焉支山是祁连山的一个支脉,是中国乃至世界上最大、最好的养马基地。匈奴歌谣“亡我祁连山,使我六畜不兴旺;失我焉支山,使我嫁妇无颜色。”唱的便是此处山脉。这座山横亘于甘凉古道之间,距离甘州一百公里,距离凉州也一百多公里。凉州是中原通往西域途经河西走廊最主要的一座城池,也是最大、最关键的一座城市。凉州素有“通一线于广漠,控五郡之咽喉”的军事要地之称,所以占据了凉州,占据了甘州,占据了焉支山和祁连山,就等于占据了河西走廊甚至西北地区战争的主动权。中国历史上好多次有关西北的战争,都是围绕着凉州这座城市展开。凉州的兵马如汉末的西凉军、唐朝的河西节度使(治所在凉州)等等,都是改变中原王朝命运、左右中国历史进程的一支部队。凉州,一座与中国历史密不可分的城市。

凉州,一座连接中原和西域、沟通东方和西方的关键城市。

凉州,一座西北地区最大、规模和名气仅次于古长安的古都城市。

凉州,一座中原王朝不可或缺、西域诸国至关重要的战略城市。

凉州,一座中华大地上气质风流、潇洒迷人的诗歌城市。

我们必须承认,凉州的风流,与凉州的诗歌有着直接的关系。凉州是一座因战争而蜚声四起的边塞城市,更是一座因诗歌而名扬天下的边疆城市。所以,凉州的风流,必须得从凉州的诗歌说起,而凉州的诗歌,必须得从凉州的历史说起。

凉州属古雍州,雍州为九州之一。九州中雍州为较大的一州,而雍州又以凉州为最,所以三国时期中国划分为十三州的时候,直接把雍州更名为凉州。凉州“统郡八,县四十六”(《晋书地理志》),地域范围包括整个河西走廊和甘肃、宁夏、青海、陕西的一些地区,所以历史上有“大凉州”一说。而凉州在隋唐时,则相当于汉代的武威一郡,既现在的武威市。我们一般指的凉州,就是现在的武威市。公元前 121 年,汉王朝经过近七十年的休养生息,雄才大略的汉武帝发动了对匈奴大规模的反击战。第一战,河西之战。

河西之战无疑是汉朝历史上最关键的一战,也是中原王朝进兵西域、收复北方草原和统一华夏民族的一个转折点。河西之战的主战场就在焉支山脚下。元狩二年春,年仅十九岁的少年将军霍去病率兵在此与匈奴的部队展开了厮杀。匈奴的强悍威猛,再也无法抵抗汉军的英勇顽强,在前后不到十天的时间里，汉军连破单于王城数座，直取黑水国，之后乘胜前进，转战千里河西走廊，攻凉州，克甘州，取沙州，定肃州，饮马长河，沙场放歌，“获禅小王七十馀人”(《史记·匈奴传》)。此一役，汉军以前所未有的胜利歼灭了盘踞在河西走廊的匈奴部队，彻底打破了匈奴不可战胜的神话，从根本上扭转了战争的局势和打击了匈奴的嚣张气焰，为以后汉王朝的节节胜利，奠定了坚实而有力的基础。河西四郡，自此建立，凉州古城，名震天下。

河西四郡的建立，是汉王朝布在西北地区的几枚棋子，也是钉在河西走廊的几颗钉子。即是在今日，透过两千年的时空岁月，我们仍然为汉武帝的雄才大略和远见卓识投去钦佩的一瞥。武威——张掖——酒泉——敦煌，一条长达两千里的战略通道，直达西域。这条通道的开辟和河西四郡的建立，对汉王朝雄踞世界强者之林和东西方文化的交流、经济贸易的合作等都起到了积极的作用。

凉州诞生了。

凉州既武威，更名凉州是东汉以后的事情。武威者，汉军彰显“武功军威”之地也，而凉州取其“地性凉寒”之意。武威——凉州，凉州——武威，这两个如雷贯耳的名字，在汉朝以后的岁月里，一直在这片土地上交替出现。凉州是中原王朝西北地区最大的边防城市，也是中原王朝古长安西北边陲最重要的军事屏障。所以凉州的城市是高大雄伟的，凉州的城池是坚固厚重的，凉州的文化是繁荣昌盛的，凉州的兵马是强悍威猛的。而地域的广袤、朔风的遒劲、景色的冷峻、气候的酷寒，穹顶深邃而高远、歌声苍凉而豪迈，兵戍在这里瞭望坚守，将士在这里谋划进退……等等，这些特征，致使凉州如一杆风中的大纛，迅速成为世界聚焦的中心。凉州城市因其地理位置的重要性和战略意义的关键性，在近两千年的攻伐进取和战略守备中，渐次成了“中华民族的精神边疆”(李敬泽语)。

凉州城市是冷峻的，凉州气质是逼人的。狼烟总是从凉州升起，烽火总是在凉州燃烧，战报总是从凉州传来，战鼓总是在凉州擂响。凉州，愈发成为战争关注的对象。战争和诗歌，就像一对孪生兄弟，总是须臾不离。于是，凉州也就成为诗歌关注的对象。

……

黄河远上白云间，

一片孤城万仞山。

羌笛何须怨杨柳，

春风不度玉门关。

——唐·王之涣《凉州词》

葡萄美酒夜光杯，
欲饮琵琶马上催。
醉卧沙场君莫笑，
古来征战几人回。

——唐·王翰《凉州词》

……

有关凉州的诗歌灿若星河，这两首最为脍炙人口。这两首诗妇孺皆知，在这里，我没有赘述的必要，但我忍不住还想要说的是，这两首诗实在是气势恢弘、意境高远，寥寥数语，就把一个天远地阔、荒凉酷寒的边塞孤城，顿然间变得大气磅礴、雄浑遒劲。同时把战争的冷酷无情、戍卒的怨情无奈、人性的真实生动、战士的豪气冲天，刻画的淋漓尽致，形象逼真。然悲而不失其壮，怨而毫不颓丧，这是很多边塞诗无法达到的思想高度和艺术境界。这两首诗堪称边塞诗的千秋佳作，也是《凉州词》的扛鼎之作。哦，凉州，有这两首诗就足够了，是凉州，成就了边塞诗的巅峰，是《凉州词》，让凉州这座城市，一跃成为中国城市标致性的风景之一。

凉州在中国历史文化名城排列中，甘肃第一。

《凉州词》在中国边塞诗影响力排名中，荣列第一。

有关凉州的诗歌为什么写的如此潇洒遒劲、气质迷人呢？这与凉州的城市气质和唐朝人文精神有关。唐朝是中国历史上又一个伟大时期，唐朝的诗人们，他们大都到过凉州或西域，有的还随军远行、亲赴战场、戍守边关、报效国家。是壮志与豪情，让诗人成为战士，是壮怀与激烈，使战士成为诗人。所以唐朝的边塞诗，写的那么大气磅礴、昂扬奋进。

凉州是一座雄风浩荡的城市，更是一座雄性奋进的城市。写过凉州和到过凉州的唐朝诗人们都有谁呢，他们是岑参、高适、王昌龄、王之涣、王维、王翰、王建、李白、李益、杜甫、杜牧、元稹、白居易、张籍、韦应物、薛逢、郭震等。他们无疑是中国历史上最优秀的诗人，他们无疑是中国诗坛上最光辉的形象。还有哪座城市享受过如此厚重的诗歌待遇呢?除过长安，大概只有凉州了。他们中有游历天下的文豪，有途径凉州的过客，有随军征战的将士，有谪戍他乡的犯官，无论怎样的形式，这些风流才子的到来，为边塞诗的崛起和凉州文化的繁荣，起到了推波助澜的作用。凉州也因此享有“多士之邦”的美誉，凉州文化，独树一帜。

风流古凉州。

凉州的风流，我总是绕不开一个战争人物，这个人物就是马超。马超不是凉州人，但他却成了凉州人民尚武精神的化身和西凉军骁勇善战的典型。据传，马超逢战必以白袍白马，所以有“白马将军”之称。马超精湛的武艺和骁勇威猛，即使在群星荟萃的三国，也是熠熠生辉，光彩照人。在三国时期，能够和张飞大战几百个回合并毫无惧色且愈战愈勇的战将实在不多，而能够和军事家、战略家曹操对垒并取得一定胜利的武将，就更是凤毛麟角了。马超是不是来过凉州，现在已不得而知。我想是来过的，因为凉州毕竟是一座规模很大的城市，又是西凉军重兵驻守之地，他的军事长官怎么能不来这里视察队伍呢？当然，这些与今天凉州城里传说的马超府邸无关。

凉州的风流，我们必须提到另外两个时期，一个是“五凉时期”（北凉都城在张掖的骆驼城），另一个是西夏时期。五凉古都的建立，对河西走廊及西北地区经济的繁荣和文化的昌盛起了积极的作用。汉末及两晋时期，中原、关内、陇上，可谓连年战争，但独处西北一隅的凉州，却绝对的安宁。“秦川中，血没腕，唯有凉州倚柱观。”这是西晋永嘉年间长安城里广为流传的一首歌谣，也是那个时期的真实反映，《晋书》《十六国春秋别传》《资治通鉴》等均有记载。从这句民谣可以看出，凉州及河西地区当时安定的社会环境。凉州的安定和繁荣，致使一些中原学子纷纷西迁，移居凉州，避难河西。这是凉州城市的福气。创造和维护这个环境的，就是西凉王沮渠蒙逊、吕光、李轨等人。李轨这个人很有些意思。唐武德元年（公元618年）八月，唐高祖李渊想统一秦、陇，便派人到凉州招抚李轨。李渊给李轨的书信称他为“从弟”，给他的官职是凉州总管和“凉王”称号，并赠给羽葆鼓吹一部。实事求是地说，高祖给了这位同姓兄弟一顶高帽子，当然也是很大的面子和很高的爵位。高祖想以“从弟”二字换取凉州的统一和和平回归。李轨要是能认清形势、顺应时代潮流的话，这确实是建设凉州和发展河西的大好时机。怎奈李轨偏偏听信了他人“今天下称帝者何止一人”的调唆，不受高祖招抚，竟回书一封，自称“皇从弟大凉皇帝臣轨”，这就使得大唐皇帝不高兴了。于是，李轨的大凉皇帝梦也就到此结束了。但李轨执政时期，他注重凉州城市建设，大兴官学，寻访贤士，对凉州的经济和文化建设，却也功不可没。

提起西夏，我们不能不提起李元昊。李元昊，这位贺兰山下成长起来的鲜卑族拓跋氏的优秀后裔，也是西夏王国最出色的政治统帅和军事将才。据说他中等身材，魁梧雄壮，英气逼人。宋朝边将曹玮驻守陕西延边，想一睹李元昊风采，便派人四出打探他的行踪，以期会面，但总是不能见到。后来便派人暗中偷画了李元昊的图像，曹见其状貌不由惊叹："真英物也！"并预言日后必为宋朝边患。李元昊奇兵突出，速取甘州，兵不血刃，智得凉州。千里河西，成为西夏王国最重要军事屏障和经济保障。西夏王国的建立，对甘、凉二州的经济发展和今天这两座城市厚重的历史淀积以及光彩照人的城市形象，注入了非常重要的生命元素。因为西夏，凉州有了"西夏陪都"之称，因为西夏，甘州有了"西北佛城"之誉。

……

公元 748 年，凉州本土诗人李益诞生了。凉州有了和李白、王昌龄一样，代表着唐诗最高成就的诗人。

公元 1804 年，"西夏碑"在凉州破译了。西夏不再是一个神秘的王国。凉州原来和西夏王国有着如此紧密的关系。

公元 1969 年，铜奔马出土了。它一经出世，便扬鬃奋蹄，腾空而起。凉州，再次踏上了走向世界的征途。

……

风流古凉州！

童年·城

巴图尔

一

在每个人的一生当中都有一个非常重要的地方，那个地方也许是生他养他的故乡，或许是一个很不起眼的城市或乡村。其实，那个地方并没有什么特殊的，只是这个地方对一个人影响很深，也许是生活上风风雨雨的磨难，爱与恨的纠缠，或许是人生成长的经历，虽然那些过往的事情，并不惊天动地，但却是一个人最难以忘怀的。阿克苏就是我这一生最为重要的一个地方。虽然我没有出生在这里，它也并非是生我的故乡，可是，我的童年和人生都是从阿克苏这块土地开始的。

假如，我还在东北的老家，我想，我现在很可能是一位农民，或者是成千上万的打工者中一个。每日起早贪黑面朝黄土背朝天劳作着，我能感受到每一滴汗水的咸涩，我能看到自己的未来是什么样子。也许没有曾经的背井离乡与颠沛流离，也就没有今天人生明确的目标，为这样一个很遥远，也许一生也达不到的目标，而不懈地努力着奋斗着；也许没有人生一次又一次的失败与挫折，我不知道会走向哪里,哪里才是我这艘小船停靠的港湾,我也不会走上写作的这条路。就是有了这些冥冥之中的安排,阿克苏这座边塞小城,就成了我这一生最热爱最无法割舍的地方。

在我的记忆里,人生很多精彩的片段都深深地烙着阿克苏的印迹。它就像一件并不名贵的白板羊皮大衣,不用时,随意搁置在哪里,它不会与我们争夺一分一秒的光阴,更无需我花费很多心思打理它,也不管尘土覆盖的有多厚,更不管它是否忍受得住时光的冷落与煎熬,往往还会被我淡忘它的存在,它依然毫无怨言地等待我的下一次青睐。用它时,白天冷了穿上它御寒,晚上或盖或铺抵挡寒霜。不管我意气风发时,还是我垂头丧气时,只要我回到阿克苏,就像一头扑进母亲的怀抱。无论我有多么疲惫,也不管我心灵的创伤有多深,我总能感受到母亲般的温暖和亲切。她都像母亲那样注视着我,像母亲一样抚慰我受伤的心灵。

母亲不会嫌弃自己的孩子,母亲总会原谅自己孩子的过错。阿克苏也不会嫌弃我,阿克苏更会原谅我的错误。

二

在我的记忆里是没有故乡这个概念的，我两三岁就离开了东北的黑土地，随父母迁居阿克苏,我的童年是从阿克苏这座塞外小城开始的。

那时的阿克苏城很小,时常我们这些疯跑的孩子,不用多少时间,也不费多大力气就跑遍了全城,甚至一不小心就跑出了城。那时,我们实在没什么可玩的,更没有现在孩子们那么多好玩好看的玩具,到处地疯跑满城地追逐,是我们这群野孩子最大的乐趣。

我童年的阿克苏城和乡村的区别不大,只是城里没有大片的农田,乡村没有城市里那么宽的马路。其实那时的马路并不宽,和现在阿克苏的马路相比窄多了,只是那时的车辆少,偶尔有一辆嘎斯车或拖拉机经过,还会招来很多看稀奇的人,所以,显得那时的马路很宽敞。那时阿克苏的马路上跑得最多的是马车、牛车、驴车,还有一队队铃声悠远的骆驼队。叮叮当当地走在阿克苏大街上的驼队,就像一幅古老的风景画,总是让人幻想连篇。小时候,我不知道那些路经阿克苏的骆驼队运输的是什么，反正每峰骆驼背上都架着很大的麻袋包,最前面的骆驼的脖子下挂着一只很大的铃铛，走起路来总是发出很悠扬的铃声，那声音虽然很低沉，却能传出很远的距离，相隔很远都能听到驼铃的声响。每个驼队前面还有一头小毛驴，背上驮着赶驼队的人，引领者驼队消失在远方。

那时，要运往南北疆的物资有很多，大到各类生产的物资，小到生活用品都需要从内地运来。可是跑运输的卡车又很有限，驼队就承担起了慢慢长途运输物资的重任。所以那时的阿克苏大街上，时常会听到悠扬的驼铃，会看到慢悠悠的驼队经过。晚上拖着残阳投宿在阿克苏招待所里，卸下货物歇息一晚上，第二天又迎着朝阳踏上西行的征途。

我们小的时候，很渴望能骑上骆驼高大的身躯，那该是多么美妙的事情，能骑着骆驼在小伙伴面前走上一招，那种感觉一定很威武很神气。其实，骆驼并不是我们想象的那样温顺，那么憨态可掬。它们对陌生的气息很敏感，只要我们一接近静静卧伏的骆驼，它们就会警觉发出信号和很粗壮的喘息声，继而伸长脖子高高地仰起头来。虽然，我们偷偷地钻进招待所的院子试过几次，可还没走到骆驼跟前，就被骆驼警觉气势吓退回了来。

三

跑出城的我们，时不时也会闯一些意想不到的祸。偷果子、偷瓜、掏鸟窝、打架是常有的事儿。悄悄地钻进维吾尔人的苹果园或杏园、桃园，也不管熟不熟，摘上一些往跨栏背心里一塞就跑。跑回城里安全了，才从掏出背心里胜利的果实。争着抢着咬一口，才知道又酸又涩的生果子实在难以下咽。生果子很快又成了我们的玩具，一个一个生果子在我们头顶上一阵乱飞，打着谁了也不准哭，眼里噙着泪珠嘴上还挂着笑容。

桃子外面的毛是很扎人的，不小心弄到身上，那感觉真是奇氧无比呀。我们偷桃子也和偷苹果、杏子一样，稀里哗啦一气胡摘，也不管熟不熟，桃子毛扎不扎人，往背心里一塞就像兔子一样逃跑了。等跑到城里安全了，才发现肚皮痒得直往肉里钻往心里钻。肚皮都挠出血印子了，乃至那股钻心的痒痒劲儿扩散到全身。我们就成了几个抓耳挠腮的孙悟空，双手不停地上下地挠着，也无法解除桃子毛对我们的惩戒。然后，我们再一阵疯跑，背心裤衩都不用脱，一头就扎进了多浪河。投进多浪河，桃子毛不扎了，我们就忘了钻心的痒痒，在水里游呀、闹呀、打呀、笑呀，就是那样简单的快乐伴着我们一起成长。

说起多浪河，又是我们这些野孩子的游乐场。天气刚刚转暖，多浪河水还透着彻骨的寒意，我们就迫不及待地往河水里扎，爬上岸我们的嘴唇是紫的，浑身冷得直发抖，可我们脸上的笑容却非常灿烂。到夏天，多浪河就成了我们表演的竞技场。那时，我们不知道什么是高台跳水，可是我们尽可能地找一个高台，甚至爬到树上，使出浑身的解数往下跳。虽然空中的姿态并不优美并不规范，可是我们一点也不觉得自己不美。比谁的水花溅得高，看谁翻的跟头多，谁游得最快，谁潜的时间长。这是我们每次跳进多浪河要比的项目。比完这些还不够过瘾，再比摔肚皮，看谁把肚皮摔得最红。肚皮是摔红了，小伙伴们也高兴了，可是疼痛却要自己忍受。

四

虽然，又酸又涩的生果子没能让我们一饱口福，可我们心里却总是惦记着城外的果园。隔三岔五我们就会跑出城，蹲在果园的不远处观察有没有看园子的人。确信是安全的，我们才会蹑手蹑脚钻进果园里大闹天宫。

不是每次我们都那么幸运的。人说：再狡猾的猎物也斗不过一个好猎手。这话真是千真万确的，我们这几个乳臭未干的小孩子，怎么斗得过那些饱经沧桑的大人呢。我们蹑手蹑脚钻进果园，感觉神不知鬼不觉，可刚胡乱摘了几个果子，心里正窃喜的时候，我们的手就被一只铁钳一般的大手死死地抓住。我们不知道那些大人躲在哪里，犹若从天而降一般我们就被抓住了。继而，把我们用绳子都绑到树上，只放回我们其中的一个人去通知各自的父母来领回我们。

这是我们最害怕最不愿意接受的结果，可是到了那时，不是愿不愿意接受的问题，而是必须要面对的。好像那时，我们的父辈们对自己的孩子管教都很严厉，对我们这些不谙世事的孩子，管教方式甚至是很粗暴很霸道的，非打即骂。在我的记忆里，父亲好像从来没有给我讲过如何做人做事，他坚信的信条是“棍棒底下出孝子”。在这样思想理念的支配下，在我的父亲的眼里只有对和错，没任何可以分辨的理由，他们不会因为我们年少无知，而原谅我无心犯下的错误，他常常用最简单的方式，让我明白父亲的尊严和世间的道理。

我们都知道，我们的父亲决不会容忍我们犯这样的错误，打一定是躲不过去的。可是，没办法被抓住了，不管你怕不怕，也不管你流多少眼泪，这顿打是挨定了。

父亲是把我从城外的果园一路打着回家的。回到家里，在母亲一再求饶下，父亲才停下那双挥舞的大手。我一直忍着不让自己的眼泪流出来，虽然，我的脑袋被父亲打得有些麻木，身上也是火烧火燎大地疼。可我依然像筷子一样立在父亲的面前。我想，让自己像个真正男人一样，承担起这份过错的结果。不管山倒水覆，也不管天塌地陷，我都要挺直了自己的腰板。这也让我长大成人之后，养成勇于承担过错的性格，骨子里有一股不屈不挠奋斗精神，无论面对怎样的困难，我都会很坚毅地面对。

五

大十字是阿克苏城最热闹最繁华的地方，也是我们这些孩子最喜欢去的地方，因为人民饭店下面卖烤羊肉串的和凉粉的。那时只要我们嘴馋了，口袋里有二角就吃烤羊肉串，有一角五分就吃凉粉。小孩子在一起最讲义气了，自己买一串烤羊肉，不能让人家眼巴巴看着，也会让小伙伴分享一块肉，买一盘子凉粉，也会让小伙伴吃上一两口。嗯！那感觉真是太美了，以直到了今天，我再也找不到那种美好的感受。

以大十字为中心，东西南北四条大街把阿克苏城分成四个区域。东南方向为东城，东北方向为兰杆，西南方向为英巴扎，西北方向为红桥。这样的格局一直到现在仍然沿用着，只是现在的阿克苏城区比我童年时大得多了。望一眼现如今的阿克苏，一条条繁华热闹的街市，一个个琳琅满目的橱窗，一栋栋拔地而起的高楼，一条条车流滚滚的街道，街上穿梭着花枝招展的红男绿女。站在现今的大十字上，早已找不到童年的一点影子了。

我们最喜欢跑到大十字玩，不因为那里是阿克苏最繁华的地方，是因为大十字有诱人的烤羊肉串和令人垂涎的凉粉、冰棍，还有刚出炉的馕和烤包子，这些都是让我们一想起来就流口水的好东西。一串烤羊肉两毛钱，一盘凉粉五分钱。可是我们口袋里经常是干净的，别说五分钱，就是一张纸平日都很难见到。

对于现在的孩子来说，这已不是什么稀罕物了，满街好的吃的，可就是没有孩子们喜欢吃的。现在每个父母都很发愁，不知道他们的孩子到底想吃什么，就是要天上的星星，父母们也会搬个梯子给摘几颗。可是，那时一盘凉粉对于我们这些孩子来说太有诱惑力，想着法儿从父母那里弄一毛或五分钱，就算不买铅笔和本子,也要吃上一盘子凉粉。那时,街上到处是“自力更生,丰衣足食”的大标语。当然我们不知道大标语背后真正的含义,可我们也会用自己的方式来理解。把抓不住的铅笔头缠上一节小木棍还能继续用,把用过的本子用橡皮擦擦去也能凑合着用。最好的办法偷女生的铅笔头和本子。女生发现自己的铅笔头丢了,就会哭天抹泪,老师就会帮着女生在班里查找。最终的结果,我会被老师罚站写检查。

从父母那儿要来的钱怎么也不舍得买铅笔和本子,一个撒欢就跑到大十字。小心翼翼地掏出折叠整整齐齐的一毛钱,往桌子上轻轻一放,气喘吁吁地对服务员阿姨说:阿姨,给我来一盘凉粉。看着服务员阿姨拿过一个小盘子,在里面装上一点萝卜丝,把手伸进水盆里,往凉粉上掸一下水,再拿起剐子轻轻剐一下,凉粉也装进小盘里了,再浇上油泼辣子、醋、蒜泥和鸡蛋汤,满满登登一小盘凉粉就端到面前了。吃的时候也是很有窍门的,不能吃得太快了,吃快了,还没感觉到香味儿就吃完了。要慢慢地吃,先喝一点又酸又辣的的汤汁,然后挑一根凉粉放在嘴里,细细地品,慢慢地嚼,直到感觉凉粉在嘴里已经化了才咽下去。

那感觉真是太美了,至今再也没吃过那么好吃的东西了。这样美好的感觉会成为我们很久吹牛的资本,也会让很多小伙伴们羡慕不已。

六

大十字人民饭店很久以来都是阿克苏最高的建筑物,也是阿克苏当时最有档次的宾馆。

人民饭店整体有三层,基础以上五十厘米高是砖墙,其余全是土坯垒砌起来的,楼板和楼梯也全都是木制的。土坯子怎么会建起三层楼房呢?那时阿克苏的物资十分匮乏,没有水泥厂也没有像样的砖厂,水泥和转都要从乌鲁木齐运来,就地取材能用来建造房屋的只有土坯子。为了不使三层土坯子建的楼房倒塌,把仅有的水泥和砖都用在了底部,建造师们还大大地加厚了墙体的宽度,使其更加牢固地矗立起来。

上个世纪九十年代末,建筑现在的世纪商厦时,人民饭店被拆除了,也完成了它的历史使命。我一直固执地认为,人民饭店、人民电影院和对面的农一师胜利大楼以及农一师司令部、胜利电影院,还有现在人民商厦原址上的反修商店,是不该拆除的。阿克苏有那么多闲置的土地,为什么要拆除那些曾经辉煌的历史呢!那里留给老阿克苏人太多美好的回忆了。老阿克苏人有谁不记得人民饭店?有谁没在人民电影院和胜利电影院看过电影?另外,一座城市怎么能没有自己过去的足迹呢!无论那样的过去有多么简陋,也不管我们过去的足迹有多么蹒跚,那都是一座城市不灭的记忆和历史。

阿克苏是清朝光绪年间开始筑建城池的,然而风风雨雨经历了百余年,在阿克苏却找不到一个留给后人的古迹,这是让人很痛惜的事情。听说,在现在腾龙商场的院子里还有一小节阿克苏老城墙,也已经残破不堪了,如若没人告诉你,那就是阿克苏老城墙,你怎么也想象不到,那就是阿克苏古城留给我们最后的遗迹。我们总是嘴上说,阿克苏历史悠久,文化底蕴深厚,是丝绸古道上的驿站、重镇,是西域三十六国之一姑墨古国。可是,我们却拿不出一个令人信服的遗址或遗迹。实在太缺乏说服力了,也是很令人痛惜的事情。

也许,大十字那些上个世纪五六十年代建筑物,虽然它们没有现在的建筑物坚固美观,也不算什么文物,可是,再过一百年二百年,当我们都已经离去,成为一段历史的时候,那就是我们留给这座城市的记忆,留给我们子孙后代最珍贵的纪念。

七

看电影,也许是那个时代阿克苏最奢侈的娱乐活动。那时候,工作一天的大人们,吃过晚饭,是没有现在丰富多彩夜余生活的。聊天、打扑克、下象棋是很多人晚饭后唯一的夜生活。看电影对于很多上了岁数的老年人来说是奢侈的,也是不舍得的,他们是不愿意把自己辛辛苦苦挣来的钱,浪费在看电影上,再说那时每家每户孩子都多,挣得工资又那么一点儿,养家糊口都很紧张,哪会把钱花在看电影上。

电影院里最多的还是年轻人,年轻人比上了岁数的人想得开,挣钱就是要花的。下班了,带上妻子孩子,看场电影也算是人生的一种享受。谈恋爱的年轻人,自然不会放过看电影的大好时机,下班之前就买好了电影票,等在女生的单位大门口。女生愿意和男生去看电影,那就八九不离十了,一场电影也许就是一桩美满的婚姻。

那时候，我们最清楚阿克苏哪家电影院放映什么电影。其实，也不需要知道放映什么电影，不管放映什么电影，我们都是要看的。哪怕是看过很多遍了，电影里的很多台词我们都记住了，可还是觉得没看够。只要电影院里还在放映，不管好看不好看，也不管放映了多长时间了，也许只剩片尾了，我们也会想方设法进到电影院里，哪怕看一分钟也觉得心里舒服。

当时阿克苏有三家室内电影院和二家露天电影院。人民电影院、胜利电影院和工农兵电影院既有室内场地也有露天场地，东城电影院和西郊电影院没有室内场地，只有露天场地。

能从门混进去那就最好了，从门混不进去就去，我们就去翻墙头。那时候，电影院检票的人很负责任，检票检得很严格，没票是很难混进去的。特别我们这些令他们讨厌的孩子，更是别想蒙混过关。我们一到检票口门前就会引起检票员的紧张，他们早就领教过我们浑水摸鱼的功夫了，一不小心我们就混进去了。只要混了进去，再想抓到我们就难了，楼上楼下到处乱跑，甚至躲进厕所里，等到电影开演了，才悄悄地溜进去，躲在一个黑暗的角落里看电影。我们还涂改过电影票，可是还是没有躲过火眼金睛的检票员。

一部印度电影《流浪者》我们这群孩子竟然看了七场。《流浪者》在阿克苏火爆的场面，远远地超过现在花巨资投拍的影片，可以说没有任何一部现代影片能与之媲美的。想从检票口混进去实在太难了，因为每场都爆满，甚至还有站票，过道上站的都是看电影的人。检票口原来只有两个人，也增至四个人了。这样一来，我们只剩一条路了翻墙头。电影院的围墙都很高，对于我们这些只有一米多高的孩子来说，就是一座无法逾越的高山。天下没有攻克不了的难关。我们搭起人梯爬上高墙，在解下皮带把最后一个拉上来。为了躲避查票，我们楼上楼下地跑，很难在一个地方安稳地看上一会儿，看到查票的走过来，我们就像老鼠一样一转身就不在了。

猫与老鼠的闹剧不会每次都灵验，一旦被抓住了，也没什么，反正死猪不怕开水烫，问什么都不说。打又不能打，骂也不能骂，只能教育一下就放人了。

八

长大了，好像阿克苏城也和我一起长高长漂亮了，也更像是一座城市了。

在我的生命里，阿克苏的一切好像都和我有关。可以说，我对阿克苏这座边城的熟悉和热爱程度，远远地超过我对其他任何城市，乃至生我黑土地的北方故乡，也不能挽留住我向往阿克苏的脚步。因为，我是喝着多浪河水吃着阿克苏的馕长大的，所以阿克苏就是我心灵的家园，是我一生一世的牵挂，是我心灵最美最亲切的地方。

也许，我只是阿克苏最微不足道的一粒沙子，可我却从不觉得自己卑微和渺小；或许，我是这片绿洲最不起眼的一片叶子，可我愿意把一生献给她，用我一生最不耀眼的绿色抵御狂风沙暴的侵袭；我听惯了大漠风沙演奏的交响，虽然春天漫天飞舞的沙尘暴遮天蔽日，让我感觉呼吸道很难受，可是她让我学会了坚强，学会了思考，学会了冷静与忍耐；我看惯了一望无际的大漠上，呈现冲天绿色的火焰，它就像在那里无意丢下一粒火种，哄的一声就被点燃了这片荒凉的死寂和空旷的阴森。呼呼啦啦燃烧起来的大火，点燃了荒原，点燃了心里的期盼，绿色的火苗便把这一腔美好祝愿播撒成一种希望，一种生命的象征。

这就是阿克苏，一个用绿色向荒芜宣战的城市，阿克苏是年轻的也是古老的。说它年轻，是因为它充满活力充满了勃勃生机；说它古老，阿克苏是丝绸北道最为重要的驿站。迎来送往走过了百年，我们在领悟阿克苏厚重的历史文化时，心里总有一种很温馨的感觉在滚荡，也会让我感到一种很坚实的力量，无论遇到怎样艰难困苦，我都会咬紧牙关挺过去。

每当我回望过去的眸子，穿越层层叠叠万水千山的阻隔，我总能望到一张柔美“塞外江南”的面孔，她令我如此的痴迷，令我如此的陶醉；我的很多记忆与阿克苏有关，所以无论我走到哪里，也不管我离开的时间有多久，最终我的脚步一定会回归到这里。有时，我会在梦里听到一种很亲切和遥远的呼唤，时隐时现时起时伏，直到把我从睡梦中唤醒，匆匆打点行装，踏上一路奔向大西北以西的阿克苏，我才会心安理得地枕着颠簸沉沉睡着。

很多时候，我喜欢自诩自己是一个地地道道的阿克苏人，我熟悉阿克苏的每一条街道，我知道那条街上最好玩，她就像和我一起长大的兄弟姐妹，总是能感受到那种很厚重的情感，温暖着我的心灵，它更像我的生身父母，它总是那么热烈、宽厚、慈爱，满腔期望地看着我一天天地成长起来。

五子女

于文胜

1/

五子女姓啥名啥几乎没人知道。她自己也只知道是家里的第五个女儿，从小父母和四个姐姐就叫她“五子女”。在锡伯渡，五子女是个很小的人物，却是个大人小孩无人不晓的人物，原因一是她傻，二是她胖，三是她神，四是她特能生，据说她腿一叉开孩子就生出来了，所以从大毛到七毛加一个花花生了八个孩子。

2/

其实，五子女并不傻，叫我们说，她是大智若愚。小时候，五子女家和我们学校一排房子，从春到秋，每天一下课都能看见她坐在屋前的伙房门前傻傻地看着家门，生怕有人去她家偷东西，就是一只猫也别想逃过她的眼睛。其实，她家穷得叮当响，除了几床破棉被和一个吱呀响的小饭桌几乎没什么东西。

3/

那时从老大八岁老二七岁到老小花花半岁已是八个孩子母亲的五子女才二十七八岁,大她二十岁的男人每天出门只安排她一件事:把家看好,丢了东西回来打断腿!所以五子女看家比狗都眼尖。小时候,我们经常逗她玩,趁她不注意悄悄闪进她家里。她脑袋后面长眼睛了似的杀猪似的大叫“偷东西了——”

4/

不知是真的怕家里那几床破棉被被偷还是怕男人打断腿,五子女宁可丢孩子也不丢东西。有一次老二丢了全连人找了一天一夜,她坚守家门口不挪窝,孩子找得到找不到她不关心,只要家里不丢东西就行。结果,虽然孩子找到了东西也没丢,男人从山里回来后还是用扫把头把她打得满街乱滚鼻青脸肿。

5/

后来有人从五子女大儿子大毛那得知,她家的缸里藏了半袋子白面粉,全家的口粮包谷面和高粱米也藏在那口缸里。我在五子女家见过那口缸,很大,能藏两个小孩。可是,别人家的缸是不上锁的,而她们家的缸上有一个厚厚的圆木板盖子,缸沿上包了三圈粗铁丝,木板和铁丝间有三把大锁把缸死死锁住了。

6/

半袋子白面粉在那时可真是让人眼馋,那时我们家双职工生活条件还算好的也只在过年时见到一锅白面馍馍,平时都是吃包谷面发糕喝高粱米粥天天肚子胀得光放屁。那年我十岁生日妈妈也只下了一碗面条给我吃。五子女家是全连最困难的经常吃了上顿没下顿,竟存了半袋子白面粉!难怪五子女死看住家门!

7/

五子女家大人小孩十口人只有丈夫一个正式职工,生活可想而知。加上五子女特别能吃,一顿能喝十大碗包谷面洋芋糊糊,那点定量供应粮还不够她家一周吃的。每月她家都要吃连里十公斤救济粮。不少好心人也多少接济她家点。

就这,她家每天用菜叶洋芋南瓜什么的掺点高粱米包谷面熬粥才勉强过活。

8/

就这样一个穷家里竟藏着半袋子白面粉,连里几乎没人相信。有人故意问五子女:“借一碗白面行不?”五子女把头摇得拨浪鼓似的发誓说“没有白面没有白面骗你是小狗!”那人又故意问:“用十斤包米面换一斤白面行不?”五子女眨巴着眼睛掰着指头算了好一阵后显得无奈地说“钥匙在老东西腰上哩!”

9/

另一家七个女娃的困难户向连部提意见,要求每月救济粮从8公斤提到和五子女家一样的十公斤。连长把五子女丈夫叫来问话,原来前一年夏天他到下游河里捉鱼时救起了一个落水的哈萨克族小孩,小孩的父母感激得要到连里送感谢信,五子女丈夫说不要感谢信给点粮食吧。小孩父亲就抓了一只羊送给他了。

10/

五子女丈夫不敢把羊牵回家,就牵到团部换了二十斤白面两袋子高粱米。高粱米早吃完了,二十斤白面一直舍不得吃,又怕五子女在家偷吃了,就一直锁在缸里。连长指导员一合计,这是见义勇为舍己救人的典型材料啊,就叫五子女丈夫把经过写下来,又让文教加工整理后报团里去了。只字未提羊的事。

11/

连长对五子女丈夫说,按规定本来要奖他50元钱的,但他问人家要羊了,那只羊就算奖励他的吧。五子女丈夫回家一算账,50元钱能买三袋白面,三装白面能换六袋包谷面,六袋包谷面能换十袋高粱米,全家人后悔得哭了一夜。五子女家那20斤白面也没能存下,连里用40斤高粱米换去接待领导了。

12/

五子女和丈夫简直不成比例。五子女一米七,肥头大耳二百几十斤重,胳膊比别人大腿都粗,肚子像小牛犊的一样大。也许因为太胖,她走上几十步就要休息一会，按她丈夫的话说，除了能生娃娃啥也干不成，却跟猪样能吃。其实五子女也吃不上啥，顿顿稀汤菜粥也只让吃四碗。丈夫常骂她喝凉水都长膘。

13/

五子女的丈夫个头矮她半头，胳膊像麻秆一样，体重最多有她一半，40岁时才回江苏老家用一百块钱彩礼把她娶了回来。五子女刚来时没那么胖，也能干点活，后来每年不停地生孩子，越生越胖了。连里人说她丈夫是老牛吃嫩草一刻闲不下，说五子女是天生的生育机器，一对奶子真的比牛奶大哩。

14/

连里不少人劝五子女丈夫再别生了，再生就要全家讨饭了。丈夫要拉她去团部医院做结扎手术，五子女一头撞墙上死也不去。丈夫没办法只有不和她睡觉，她就每天跑到连部门口坐地上大哭说男人不要她了。最传奇的是光棍汉杆杆一天夜里趁五子女男人不在爬上她床，被五子女一屁股坐在身下差点压死了。

15/

五子女虽然特胖却皮肤特好，白得像嫩豆腐，大圆盘子脸与她身体一配倒也显出点姿色，也就有人想占她便宜。连里私下议论说司务长几次想上她身子都没办成，倒赔了几十斤包谷面。杆杆从采石工地食堂偷了四个白面馍馍想占五子女便宜，五子女非要先吃馍馍，吃了馍馍她死活也不让杆杆占便宜。

16/

五子女几乎每天想着的就是吃。她丈夫越怕她多吃，她越变着法儿吃。有一次刚打回来的一袋包谷面她丈夫忘锁缸里了，丈夫前脚出门，她马上就往那口一米大铁锅里倒了半袋，煮了满满一大锅稠得能捏成团的半生不熟的包谷面糊糊，竟自己一个人从早上吃到晚上给吃完了，而七个儿子饿得哇哇大哭。

17/

丈夫晚上回家把五子女捆到柴堆旁的歪脖子树上一天一夜，要不是指导员亲自出面解救，五子女那次差点丢命。不过，连里不少大人对五子女没有好感，原因是她经常哄小孩回家给她偷东西吃，为此经常有家长找她丈夫告状，甚至有阿姨搧她耳光，但只要有吃的，五子女全不在乎，也有小孩子也甘愿为她去偷。

18 /

我第一次听大船和大海的故事就是五子女讲的。她说十岁时父亲嫌她能吃，把她骗到大海边的一个很大的船上，轮船在海上漂了几天几夜后，船长嫌她太能吃，把她扔进海里了。她因为胖，沉不到海底，飘了一天后被海军叔叔救起，海军叔叔发现她太能吃，又把她送上岸给政府，政府也嫌她太能吃又把她送回家了。

19 /

这个故事蛮长的，我偷了家里四个包谷面发糕给她吃才听她讲完的。还有一次她讲七仙女的故事，小朋友臭臭把他家的盛馍筐都提来了，她吃一口讲几句，一直到把一筐子包米面馍吃完故事才讲完。我记得五子女说她是七仙女中的一个仙女，因偷吃了什么果子被玉皇大帝贬到人间来了。

20 /

我们都觉得五子女死精死精的，谁要是想听故事，那必须要拿吃的东西来，东西好了故事就好听，东西不好故事也不好听，所以我们经常想法给她偷好吃的。谢党有次从他爸爸管的库房里偷了半缸子生清油，五子女几口就喝了个底朝天，只是故事还没讲完呢，她就蹲在茅房不出来了，弄得谢党白偷了半缸子油。

21 /

有一次，五子女丈夫从山里捡回来一只被狼啃了一半的羊头，全家人高兴得过年一样。她丈夫把羊头上的毛用火烧后拿刀刮净，劈成四块，添一锅水煮羊头，待煮出油花肉香味后，把羊头肉捞出，再放一锅南瓜煮，全家人美美地吃了顿羊汤南瓜粥。五子女丈夫给馋得直咽口水的我盛了一小碗，那个香啊！

22 /

第二天,他们又用羊肉汤煮了一锅洋芋,也特别好吃。第三天,又用肉汤煮了一锅高粱米,更好吃了。一直到第五天了,五子女家还飘着肉香,把我们一帮小伙伴馋得一下课就跑五子女家去闻肉香味儿! 五子女指指小房里那口大铁锅,木头锅盖上压了一个很重的磨盘。那羊肉香味正从那锅里飘出来。

23 /

我用细棍子从锅盖缝插进锅里,勾出了几缕肉丝儿,吧嗒吧嗒嘴巴,把五子女馋得恨不得把嘴巴伸进锅里。在我们几个小朋友帮助下,五子女终于把石磨搬开了。我们高兴地一拥而上要抢肉吃,不料五子女一下扒到锅盖上,任凭我们抬头抱腿也把她弄不下来。等我们又一个课休来时,只剩地上一堆骨头了。

24 /

下午放学回家, 妈妈把我叫到小房间:“你把五子女家的羊头肉吃了?”我说:“没有啊,是五子女……”我把经过说了。没想到妈妈说:“一会就说是你吃了!”我大叫“凭什么,我没吃凭什么说我吃了?”妈妈说:“你愿意看到五子女被他男人活活打死?”妈妈进家对五子女丈夫说“是孩子嘴馋!”

25 /

我没吃上羊肉倒染一身膻味,心里很不痛快,第二天跑去对五子女说:你得赔我一个故事,要玉皇大帝的! 五子女努努嘴说:玉皇大帝能听见的,他会不让我回天宫的! 我不干,说要告诉她丈夫去。五子女眯眼晃头神叨了一会,神秘地对着我耳朵说:告诉你个秘密,要发大水要死人了。我吓了一跳!

26 /

我赶紧跑回去给小朋友们说了,小朋友们都吓了一跳,一个个又跑回家给大人说了。当天下午指导员去训五子女:再造谣言把你关起来! 那天半夜,连里钟声大作,所有大人都往防洪堤坝上赶,你吼我叫乱作一团。原来,额尔齐斯河突发 30 年不遇的大洪水,马上就要淹过大坝,全连人都紧急堵坝去了。

27 /

那次洪水来势凶猛，整个锡伯渡口一片汪洋。几次洪水差点冲开大坝。全连男女老少以及牛呀马呀的都上坝抗洪了。我们所有学生和老弱病残者都被集中到连队南边的防洪二提后面的抢险帐篷里。唯独五子女没有来，去了几拨人也弄不来她。五子女死不离开家，神经病一样嘴里不停地嘟囔着什么。

28 /

第三天的中午，在大坝上抗洪的我们家隔壁的隔壁的丁叔，转眼被洪水卷走了。说来也巧，丁叔淹死的当天下午，洪水开始退下了，到了晚上已基本完全退却了。连里组织人沿河两岸寻找打捞了好几天，也没找到丁叔的尸体，真正活不见人死不见尸了。丁叔的老婆丁姨突然恍然大悟，跑去揪住五子女就打。

29 /

是五子女咒死了丁叔——连里人议论纷纷。有人突然说："这发洪水淹死人怎么都被五子女说准了?! 难道她真是仙女下凡?"话一传出，众人愕然。人们开始用一种怀疑加惊奇的眼光审视五子女，越来越多地发现她有超人之处。首先，她的皮肤之嫩之白之润，不是常人所有的，那一头长发也异常黑亮。

30 /

其次是她的胖也与众不同，虽然特胖，但各处比例都恰到好处，该大的大该小的小，仔细看还挺均称哩。有人认真统计五子女有五大：脑袋大、嘴巴大、奶子大、屁股大，还有就是"那个"大。仔细端详她的脸盘，眼睛虽小却是丹凤眼，嘴巴虽大却是菩萨嘴，鼻子尤其肥厚，肥脸蛋子上还透着俊气哩!

31 /

再有，五子女不是一般的能吃。她好像从来就不见饱过，把一锅饭让她一个人吃了她还是叫饿，此外，就是每天给她喝凉水也不见她瘦下来。有人开始琢磨她的话，怀疑她是不是真的不是凡人?五子女说因为她在天界偷吃了东西，玉皇大帝把她贬下来让她永远吃不饱、天天挨饿来了，从生下来就老饿着。

32 /

凤求凰的老婆陈小妹悄悄去找五子女算命,五子女神叨了半天她一句没听懂。陈小妹拿笔和纸让她画出来,结果画了满满一纸的符号,像天书一样,没一个人看得懂。凤求凰从画家的角度研究了五子女的“天书”,结论是他们家要有荣华富贵了,高兴得陈小妹去借了两斤白面答谢五子女。

33 /

果不其然,一向穷酸邋遢的凤求凰突然被下游的牧业队接走画宣传画去了,一个月后竟穿着大头鞋黄军呢大衣回来了,人们无不惊讶羡慕!这下,五子女更显得神了,常有人偷偷找五子女算命,然后拿了“天书”找凤求凰破解。谢司务长把这事告发了,连里就把宣扬迷信的五子女和凤求凰一起开批斗会。

34 /

因为五子女的原因,批斗会差点开成了联欢会。五子女第一次上台,看台下有这么多人看她,乐了,竟然从口袋里摸出个破梳子,故作羞涩地用长头发遮住半边脸,边梳头发边喊:别看我了,别看我了,人家不好意思嘛!全场人哄堂大笑,有人把眼泪都笑出来了。指导员用板凳腿把桌子敲得咚咚响才静下来。

35 /

谢司务长把一个长长的尖帽子戴到她头上,五子女高兴地摇头晃脑把纸尖帽子像炮弹一样甩出几米远。谢司务长义愤填膺地挥拳喊“打倒五子女!”五子女听到喊她,赶紧扭着肥肥的屁股跑到谢司务长跟前挺直腰昂头敬礼大喊一声:到!她一挺腰,把白白的大肚皮挺给了谢司务长。台下大人小孩笑作一团。

36 /

指导员看这样下去没法开会了,就对五子女丈夫吼,叫赶紧把老婆弄回去。五子女正高兴哩咋拉都不下台,后来干脆一屁股坐在指导员脚下哇哇大哭起来,边哭边喊:“我是天仙女下凡——我偷吃了玉皇大帝的人参果——”实在没着了,谢司务长弄来了个破门板,让五子女丈夫和几个壮小伙把她抬回去了。

37 /

凤求凰沾了五子女的光，跟着也被指导员撵下去了。批斗会在乱作一团中匆匆结束了。回到家里，我妈说："这五子女今天可冒尽傻气了！"而我爸却说："今天我才发现，五子女是装疯卖傻！这人不一般哩！"坏事变成了好事，批斗会却让五子女声名远播，一下成了方圆百里的名人了。

38 /

而真正让五子女"神奇"的是杆杆魔鬼附身和丁寡妇怀孕。杆杆从下游牧业队偷了一只鸡，煮熟后自己吃了半只，用剩下的半只把五子女骗到防洪二堤后面的芨芨草丛中，刚扒了五子女的裤子，不料她突然大叫起来："杆杆肚子有魔鬼——杆杆肚子有魔鬼——"把杆杆吓得提着裤子撒腿就跑，一只鞋也跑丢了。

39 /

五子女的喊声恰巧让不远处割芨芨草的二能听到了，二能虽然是捉鱼高手，却也是有名的活喇叭，很快，全连人都知道杆杆肚子里有魔鬼了。有人信，但大多人不信，认为那是五子女吓唬杆杆的鬼话，目的是不让杆杆占便宜。连长带人把杆杆捆了拉到五子女跟前，问杆杆是不是要强奸她，五子女拒不承认。

40 /

五子女不承认，连长就先把杆杆押了一夜，让五子女丈夫做她的工作。五子女丈夫用马鞭把她抽得满地打滚杀猪似的豪叫。第二天一早几个人又把杆杆五花大绑地押来让五子女指证，五子女还是大喊："冤死人喽——要杀人喽——"气得连长大骂：你这号猪人就该饿死！五子女不承认，连长只得放人。

41 /

奇就奇在，从那天起，杆杆的肚子竟一天天大起来了，像吹气一样，不到一个月就像怀了五六个月的孩子一样。连队卫生所用尽了办法，又到团部医院住了十几天，杆杆的肚子还是在一天天变大，把肚皮撑得快要裂开了。而这么大的肚子，一不疼二不痒，该吃吃该喝喝，团医院从没见过这种病，也没辙了。

42／

杆杆被转到北屯医院，医生也不知道什么病，正好从兵团医院来了一个专家，一看，二话没说就把杆杆推进手术室，从他肚子里取出了个皮球大的水包。杆杆肚子虽然正常了，肚皮上却留了道长长的刀口，从此，见到五子女就像老鼠见到猫一样双腿直哆嗦，再也不敢打她主意了。谢司务长在心里暗自庆幸！

43／

一天中午，几个妇女从菜地干完活扛着锄头路过五子女家门口，五子女看见高兴得手舞足蹈，大喊“小娃娃！小娃娃！”几个妇女都是30岁左右的人了，听五子女喊小娃娃，前后左右看了一遍没发现有小孩，便不高兴地训五子女：“喊谁小娃娃哩？你别没大没小！”不料，五子女竟直指小寡妇的肚子。

44／

小寡妇叫王燕，28岁，是几个妇女中最小的，结婚五年没怀上孩子，不想三年前丈夫在采石头时被从山上滚下的石头砸死了。丈夫因公牺牲后，从甘肃嫁来无亲无故的王燕，不要抚恤金，要求连里把她从家属转为兵团正式职工。人人都知道王燕不生育，也因此没人敢再娶她，人们后来就叫她小寡妇了。

45／

说别人肚子里有小娃娃人们还相信，说人人都知道不能生育的小寡妇肚子里有娃娃那肯定没人相信。几个妇女笑得前仰后合，拉着小寡妇让五子女指：“快说快说娃娃在哪儿？”五子女嘿嘿笑着指着小寡妇的肚子嚷：“在肚肚里在肚肚里……”小寡妇羞得满脸通红，上去给了五子女一耳光后捂着脸跑了。

46／

然而，细心的妇女主任马兰英发现，小寡妇的肚子真的在隆起。别看马主任平时咋咋呼呼的，处理起事情来却很有分寸。她先到小寡妇家问寒问暖，最后问小寡妇身体有没有什么不适？小寡赶紧说没有没有好着哩！马主任却看出小寡妇有些紧张和不自然。正是晚饭时间，小寡妇家里飘着浓浓的饭香。

47 /

又寒暄了几句,马主任站起来往外走边走边说:“哟,这么香啊,锅里煮什么好吃的啊?”说着掀开外屋冒着气的锅盖,一锅白面条在锅里翻滚。马主任一下什么都明白了。她故意说:“赶紧吃饭吧,看面条都快煮成糊糊了!”马主任走后,小寡妇心紧张的都快蹦出来了,双手捂着肚子在屋里走来走去。

48 /

七十年代初,各地粮食都非常紧张,锡伯渡也不例外,不是种不出麦子,是麦子都交国家了,家家户户发下来的定量粮基本都是包谷面和高粱米,只有大的节日才能分点白面。再有,就是连队控制的采石一线工人食堂的特补面。说特补,也就是每三天工地午饭上发一个白面馍。不管什么面都是谢司务长管的。

49 /

可是,马主任还是不明白:小寡妇和男人五年都没生下个一男半女,咋,这成了寡妇了倒还真有了?第二天,她故意对谢司务长说:“你说怪不怪,这小寡妇还真被五子女说准了!你说,这寡妇怀娃,咱连里是不是该好好查一下?”谢司务长当即脸变得煞白,支支吾吾说该查该查!

50 /

没过多久,小寡妇突然嫁到牧业队去了。那男的是四十多岁的老光棍,放马的。连里人为小寡妇可惜。别说是放马的老光棍,就是小伙子都算下嫁了。因为那时职工和农民就像城市和农村一样,身份差别大着哩,只听说农村的大姑娘争着往兵团嫁,最好的也就是嫁个老光棍。可小寡妇却下嫁农村老光棍了。

51 /

几个月后牧业队传来喜讯:小寡妇生了个八斤重的大胖小子。连里人都热烈地议论着,说这不能生育的小寡妇时来运转了。小光棍杆杆后悔得头直往墙上撞。因为小寡妇托人说媒想嫁给杆杆,杆杆说她是不下蛋的鸡白赔也不要,这谁想她不下则已一下竟生了个大胖小子!况且,小寡妇姿色不比陈小妹差哩!

52 /

牧业队那边送来了一斤喜糖，连里也在谢司务长的忙乎下由他和马主任代表连队送去了一袋白面和两斤清油。谢司务长说了，咱是小寡妇的娘家人，又是兵团单位，不能让地方小瞧了！马主任也非常热心，亲自跑了三四趟牧业队，把小寡妇感动得热泪盈眶。关键是，谢司务长不仅不再经常与马主任过不去了，还处处顺着马主任了。

53 /

热闹过后，人们回过味来，小寡妇才嫁去 6 个月就生了个大胖小子，说明在连里时早有人下种了，五子女说小寡妇肚子里有娃娃准着哩！这时候人们热议得焦点不是那孩子是谁的种，而是五子女为什么会那么神。按时间推算，那时小寡妇顶多刚怀上孩子，五子女是怎么看到的？

54/

锡伯渡有个“神人”叫五子女的传闻越传越玄乎。一种说五子女会算命，她能预知未来。一种说五子女会看病，你身上长什么东西她一眼就能看出。一种说五子女会下咒，咒谁谁倒霉……甚至有人说五子女能上通天界下达鬼神等等，凡说起五子女，无不有一种神秘感。很多人来锡伯渡，就是为了看一眼五子女。

55/

破天荒地，地方牧业队几个领导走访慰问锡伯渡来了，在连部座谈了一阵后提出要慰问一下贫户困五子女家。指导员马上明白了他们来的真正意图，让谢司务长带他们去。最近老是有人来看她，有人还给她孩子带旧鞋旧衣什么的，五子女很高兴，每天一大早就坐到小房门口的木头上等人来看她，兴奋得很哩。

56/

一行人看到五子女，大失所望，什么“神人”呀？不就是一个半傻子婆娘嘛！而五子女却异常兴奋，竟把其中一个 20 来岁的姑娘喊阿姨，把人家刚过 50 岁的队长喊爷爷，大家都哭笑不得。谢司务长说：这人本来就是个半傻子让人给传神了，我看是想借五子女搞封建迷信那一套，这种事应该好好批斗才对！

57/

一听谢司务长这么说，牧业队长把刚要掏出的一块布料又放回包里，让人留下一小袋生玉米粒赶紧走人。走到房头队长给年轻姑娘使了个眼色，姑娘心领神会说去趟厕所，转个弯又到五子女那去了。几天后马主任去看小寡妇回来才知道，那个年轻女的是队长的丫头，结婚两年还没怀上小孩找五子女求子来了。

58/

五子女的事传到了团领导耳朵，政委亲自打电话到连里。指导员就把五子女丈夫叫到连部谈话。五子女丈夫不仅身材瘦小干巴，胆子也小如老鼠，平时除了敢打老婆和自己娃娃外，见人就点头哈腰，因为没什么能耐，连里就让他在山里采石点上看管炸药，早上进山晚上回来，一听说连里找他谈话早慌神了。

59/

还没等指导员问话，五子女丈夫主动说知道早晚要出事，那些东西他一点没动都锁在缸里哩。指导员问你老婆真有那么神吗？五子女丈说神个屁呢都是凤求凰胡诌的，五子女说得啥画得啥她自己都不知道。指导员说知道这是搞封建迷信不？五子女丈夫说知道！指导员就叫他回去把去找过五子女的人名字写下来。

60/

谢司务长带人去五子女家查没非法所得，打开那口紧锁的大缸，竟满满的都是宝贝东西：有白面、大米、花布、南瓜、羊头、奶酪，甚至还有一包绿洲方块砂糖，只可惜羊头臭了南瓜烂了白面结板了大米生虫了小花布成了大花布了，一帮人干脆连缸一起给抬到连部去了。五子女心疼得坐在门口大哭了一上午。

61/

听说从五子女家查获了一口“百宝缸”，一些好奇的人就到连部来围观，叽叽喳喳好不热闹。连长和指导员围着大缸看了又看,哈哈大笑起来,说这何止是百宝缸啊,简直是天下第一缸。谢司务长统计完东西,还真不少,竟然有 18 样,一样样摆了一大会议桌子,把众人看得眼珠子都要掉出来了,个个嘘声不止。

62/

连长笑着说:咱连里的好东西都跑到这缸里了哩!指导员说:谁说咱连穷吧叽的,这口缸就能开个杂货店了!里里外外的人都哈哈大笑。谢司务长很不高兴,挥着账本严肃地说:你们还笑哩,看不出问题有多严重嘛?这东西就证明有很多人在搞封建迷信,这是公然与伟大领袖毛主席与伟大的社会主义作对。

63/

谢司务长这一说把在场所有人都吓住了。马主任胆战心惊地问:这 18 样东西就是说有 18 个人?谢司务长说:肯定不止,这只是面上的!连长也吓坏了,对谢司务长说:老谢你别吓人,咱连里一半的都要打倒了?!指导员仿佛如梦初醒,说这事严重了太严重了,得赶紧上报团里。谢司务长说当务之急是要搞清楚东西是哪些人送的!

64/

围观的人也被吓得纷纷逃也似的离去。谢司务长发现陈小妹也在其中,便出去喊住她。陈小妹早已吓得脸色苍白,听司务长叫自己,腿就哆嗦了。谢司务长本来是要问陈小妹有哪些人去她家里找凤求凰解过五子女的天书的,看陈小妹给吓成了这样,便灵机一动改变了主意,故意严肃地说:你们家的问题更严重。

65/

陈小妹人称锡伯渡的最漂亮媳妇,有上海女子的特别娇媚,谢司务长早就对她心痒痒得很,正在找机会下手哩。看陈小妹吓得哆嗦样儿,谢司务长立刻意识到机会来了,小声神秘地对陈小妹说:这是要枪毙人的事!不过你不用怕嘛,我会保住你们的。傍晚你到果园子西边的林带等我,我帮你想个着。

66/

看陈小妹头点得像鸡叨食一样,谢司务长心里阵阵美意。抬头看看天,离太阳落山还有几个时辰,谢司务长便到五子女家找她丈夫谈话。谢司务长走后,五子女就不停地大哭,哭得非常伤心。半夜的时候,五子女跑到街上豪淘大哭,把全连人都招来了,人们问她半夜哭啥哩?五子女说老东西要死了,老东西不要她了。

67/

几个人赶紧去找五子女丈夫,她丈夫还在家里蒙头睡觉呢。一帮人把五子女给弄回家去,不一会她又跑到街上豪哭起来,再弄回去,再跑出来,几个人没着了就和她丈夫把她手脚捆了塞进被窝里,还用毛巾把她的嘴也堵了,这才安静下来。第二天一早,有人发现五子女家柴旁的歪脖子树上吊了个东西,一看,是五子女丈夫上吊死了。

68/

五子女丈夫上吊死后没几天,团里派来了工作组,说是要查清楚都是哪些人在搞封建迷信。五子女丈夫死了,那些人的名单是搞不出来了。工作组组长不死心,把全连人召集开会,让大家互相揭发,可是都说不知道,就把五子女弄来让她一个一个指认。五子女披头散发地跑上去抱住谢司务长又抓又咬大喊坏蛋。

69/

眼看工作组查不下去了,组长突然想起传说有个会看所谓"天书"的人,要从这个人身上突破。谢司务长赶紧说他带人查了几次了,凤求凰只是给他老婆陈小妹两口子开了个玩笑,材料都搞出来了没啥问题。谢司务长虽然保下了凤求凰和陈小妹,但不给工作组一个交代弄不出一个成果是交不了差的。

70/

在谢司务长提议下,工作组召开了全连大人小孩全部参加的肃清有毒思想大会,因为怕把五子女弄来瞎闹腾,人就不来了,把他家那口大缸抬到主席台上当做批斗的对象,轰轰烈烈地开了场批斗大会,事情总算过去了。连里人私下里戏称那次大会为“批缸大会”。后来,有人给五子女丈夫悄悄立了个石碑。

71/

有一天,人们突然发现五子女不见了,把连队每个角落都找了也没找到。有人说她会不会到男人坟上去了?众人说不会,坟地有 20 里地哩,五子女怎么也到不了那里去。就在大家议论猜测时,一个哈萨克族牧民骑马来报,发现有个人坐在戈壁上一动不动很久了不知是死是活。众人跟着哈萨克族牧民往戈壁滩上跑。

72/

一直到 20 里外的坟地,人们果然看见五子女端坐在她丈夫墓前。上去一看,人睁着眼,张着嘴,双腿盘坐,双手手心朝上放在腿上,一脸幸福美满安详的样儿。只是,人早就僵硬了。人们惊讶地发现,五子女竟穿了一身大红衣服,一头长发梳理得如仙女一般,更令人惊讶的,是她头上竟插着一朵野花……

致李清照

星子

我用一袭蓝火，
紧扣你的影子；
穿过大洋彼岸，
风的味道更咸。

白是戚白，
戚白的……
冷是凄冷，
凄冷的……
在这初秋，
我无法向那些带着口音读你诗的老外解释。

他们追逐着问我：
我们这些脚步不留声音，
云鬟轻挽的中国女子，
为何避开陌生人。

哦，云在我们头顶。
我留意到墨迹落在我的肌肤上，
一丝月亮的痕迹。

故乡，已萎成一枚干杏

申广志

真想躲进大漠深处，痛哭一场
好把注入我眼窝里的母亲河，全放出来
让太阳不再浇愁无酒
让月亮不再梳妆无镜
让我苦恋过的每一寸土地，弹指即破
让复碾成尘的花瓣
重新栖上春天的枝头
可转眼间，故乡，就萎成一枚干杏

仅为全家人活命，奔忙了一生的双亲
原本只想在移居的村落打个盹儿
却依次被满脸皱褶的黄土拥抱
被瘦骨嶙峋的山岩裹紧
丛生簇拥的脚印、蹄迹
喧嚣了太久，也没能把他们吵醒

入梦时，大而圆，比蜜还甜
梦醒后，小且扁，比醋还酸
故乡呵，完全是
依照您曾千叮咛、万嘱咐的航向
为什么，竟会背道而驰呢
蓦然回首，您已隐为一座孤坟
淡出一苗星盏

悔不该两鬓泛霜，娇儿抽枝
我才明白，核里的骨仁
即便，在瞳孔里孕育更长时间
也不会发芽
因为，我才是您泪水泡大的种子

蒙古长调

李 勇

马头琴呜咽的夜晚
长调，铺开辽阔的草原
粗砺的风，把悠扬和苍凉送向远方

血液里流动的密码，被一一认领
灵魂深处的悸动，一一招供
忧伤是一个秘密，共鸣是一种唤醒

有多少游牧生活在长调里驰骋
有多少温暖记忆在长调里沉湎
有多少生离死别在长调里伤痛

长调穿过岁月，烈酒沸腾身体
感恩涌上喉头，思念绵绵无尽
倾诉托付天地，韵律回荡心底

走失的人请回头，回头就是故乡
远行的人请牢记叮咛，叮咛是慈爱和悲悯
草原长风万里，吹干眼中泪水——上路吧

许多事物从身边经过

蓝 紫

照彻窗前的月亮
还是创世之初的那一轮
路过台阶的蟋蟀
还是多年前梦中走失的那一只
远处的流水和石头
在相互亲吻中完成一生

湖泊端着四平八稳的镜子
优美的水鸟凌空飞起
蝴蝶收起透明的翅膀
身后的废墟,正在形成
一个欣欣向荣的城市

许多事物从身边经过,从春到秋
花开花败,叶绿叶落
而我总是偏爱那些逐渐老去的事物
或许只是为了从时间那里得到更多

生命的歌

韩 博

白雪茫茫
挥洒苍穹
一声孤独的雁鸣
划过雪夜
点燃寂静的时空
有谁能知
阵阵觅音
穿透生命的灵魂
这不是追寻的印迹
是一只生命的歌

慢 是一种能力

熊红久

当下,速度已经成为统领这个世界的标志。经济的飞速发展,彰显了执政者的业绩,却把环境逼到了脆弱不堪的境地;交通的不断提速,缩短了路途的时差,让愿望直抵结果,却削弱了过程的意义;通讯的快捷顺畅,让天涯成为咫尺,把疆域变成邻里,却丢失了距离带来的思念,淡化了信件给予的甜蜜。所以,从这个意义看来说,速度让我们赢得了外面的世界,但却丢掉了内心的美好。

无疑,科技的速度也作用到了文学领域,快餐文化,三分钟阅读,微文学等门类奇特、为适应速度而诞生的创作,应运而生。当"快"成为我们生活主导的时候,一如坐在飞驰的列车上,那些发生大地隐秘背后,具有深刻意义的变化,却看不到了。正因如此,捷克作家米兰·昆德拉在其作品《慢》中感叹:"慢的乐趣怎么失传了呢?……他们随着乡间小道、草原、林间空地和大自然一起消失了吗?"其实,大地还在,草原和林间空地也一如既往,只是我们观察的态度变了。只看到了两片叶子,就去推断整棵树的形态;只发现了几株野花,就敢描摹辽阔草原的景象。甚至一些网络写手，一天要完成上万字的任务，仅打字就已经疲惫不堪了，哪有时间来思考？在如此急躁情绪操控下的作品，会有多少文学价值的含金量？

2011 年诺贝尔文学奖的获得者，瑞典诗人托马斯·特兰斯特勒默，显然是个以慢制胜的典范。他 13 岁就已经开始创作，直到十年后，才出版了第一本诗集《17 首诗》，至今也才发表了 163 首诗，平均一年只写两到三首诗。与许多才华横溢的高产诗人的“每日一诗”相比，托马斯的确产量太低。他的长诗《画廊》几乎用了 10 年时间，而短诗《有太阳的风景》以手稿形式到发表也历经了 7 年。他的慢，是把对世界的认识凌驾在时间之上，用慢的方式熬干水分，提纯思想，直到每一行诗，都闪烁出智慧的结晶，就像把海水熬成盐粒，而后，折射出了大海的光芒。

首先，对文学而言，“慢”是一种可贵的品质。他表现了一个作家对文学谦恭的态度，更是对文学规律一种尊重。好的文学作品，一定会达到内心与外物的共鸣，感情与理性的渗透，这种功力，只有慢才可以浸入，恰如南方绵绵不绝的梅雨，才可以沉淀进土地的深层。而北方看似瓢泼的骤雨，虽汹涌澎湃、激荡狂放，却只是呼啸而过、稍纵即逝，最终，湿了浅层和表象。苏联作家巴乌斯托夫斯基也指出：“真正的散文是充满诗意的，就像苹果饱含着果汁一样。”一个果汁饱满、味道鲜美的苹果，必定是经历了风雨的沐浴，阳光的炙烤，经过了四季的滋养，节气浆灌才能一天天形成。凡具有诗意的东西，都不是在快速中诞生的。

其次，对创作者而言，“慢”是一种潜在的能力。无论是经济发展还是文学创作，“快”都体现出了急功近利和盲目攀比的心理。很多事物往往这样，慢了就会显露出破绽，就会授人以柄。看魔术表演，演员只有在快速的行为中，才能掩饰真相，才能糊弄观众。太极高手，只有在缓慢的一招一式中，才能显示深厚的功底，扎实的内力。慢，是让我们看到事物真谛的最佳方法，也是提升我们心灵顿悟的有效途径。散文家秦牧说：“思想像一根线，串起了生活的珍珠，没有这根线，珍珠只能够弃散在地。”这根闪亮的思想之线，显然是在静默而不是奔跑中得来的。文学评论家阎纲显然对此更有感触，他说，一个作家，没有独特的发现，没有触动自己的灵魂，没有新的或更深的感受，不要动笔；没有传神的感悟和深邃的细节支持，不要动笔。我想，这些细节和感悟，只有在放慢心情，深入生活，鉴别清事物的肌理之后，才能获得。

第三，作家应该有放慢脚步的勇气。当看见身边的同行，这个一本本、那个一部部动辄十几万乃至几十万字作品问世的时候，还能坚守自己的创作节奏，还能保持最初的认知状态，不怕遭到业内的质疑和轻视，的确需要很大勇气。但放慢不是放弃，沉静不是沉默。慢，是为了让爆发更具冲击力，是在磨砺情感的锋刃，使之针灸到灵魂的穴位。美国一次文艺界的聚会上，一位年轻男子情绪盎然地大谈他近几年创作的十几部作品，见旁边坐着的瘦小女子一直默默无闻，顺便问道："你写了几部作品？"女子有些愧疚地说："一部。"男子很诧异，"一部作品也能参加这样高规格的聚会，这里可都是全美国最有成就的作家了！"男子露出不屑神色，随口又问了一句："你的作品叫什么？""《飘》"玛格丽特·米切尔小声回答。自此，身边的男子，一晚上再没有说话。玛格丽特用她耗费十年才完成的一部小说，击垮了那个年轻男子用数量堆积起来的成就。就建筑而言，能流传至今的古城，不是靠它规模的宏伟和数量的众多，而是在于其精心设计的构架和嵌入的一砖一瓦的质量。最终，时间成为鉴定真伪的大师。

当下赋予了散文许多名号，什么文化散文、大散文、小女子散文、新新散文、在场散文……但不管如何命名，散文都不能脱离其禀赋的真挚和深邃的品质，不能成为适时点缀日常生活，充当茶余饭后的甜点，这显然，会毁掉散文应有的前程。

梁晓声认为："杂文与人的关系如同严父与诤友，警告我们断不可怎样；而散文与人的关系，则如同慈母与红颜知己。'慈母'教我们领会真与善的人性要义，'红颜知己'影响我们从真与善中发现美。"很显然，"发现"是一种功力，是写作者长期培养自己对事物认知的内在气场，而"慢"则是抵达这种功力的必经手段，是思想进行光合作用的载体。

让散文写作慢下来，无疑是对写作者掌控事物本质能力的深刻体现。

哈日图热格

黄宏才

深秋的哈日图热格像下了火，到处是火红和金黄……

哈日图热格的柔美和博大吸引着众多游人和摄影爱好者，不仅是它谷深林密，更重要的是它色彩十分丰富，离城不远，交通便利。这里有河谷胡杨、白桦、云杉和野果林，还有一条碧玉般的哈日图热格河，终日奔流不息！

九月的最后一个星期天，我和影友老周驾车相约去拍哈日图热格的秋景。车出了城大约半个小时就到了阿拉套山下，远远望去，阿拉套山连绵起伏，魏屹雄伟、厚重而雄浑。阿拉套山是坐落在博乐北边的一道山脉，山的那边就是哈萨克斯坦共和国了，也是一道界山。远处的山峰上已有厚厚的积雪了，镶嵌在哈日图热格河谷顶端的一座山峰积雪最多，整个山脊都是白雪皑皑，在绿黄相间的白桦和云杉上面，好像日本的富士山一样在万朵樱花的簇拥下格外显眼。哈日图热格谷口是一片开阔的庄稼地，金黄的玉米早已熟透，正等待农民前来收割。

谷口的大片胡杨才刚刚泛黄，清澈的哈日图热格河从胡杨林中间蜿蜒流淌，击打着岸边岩石发出如洪钟般响亮，不管走在哪一段，都能最真切地感受到急流澎湃、山鸣谷应。这是博乐的一条主要河流，河的下游孕育了大片的水稻，是博乐的粮仓，正因为河水的清冽甘甜，下游的"博泉"牌大米才远近闻名。

穿过谷口，走过一道桥，就算真正到了哈日图热格风景区了。哈日图热格是阿拉套山的一条峡谷湿地，蒙语为，金雕出没的地方。2004 年被批准为国家级森林公园，景区分为 6 个功能区，40 个景点，其隋唐时期的石翁仲古墓神秘、庄严。谷深林幽，流泉飞瀑，泉水溶溶，奇石林立，白桦蔽日，凉风习习，草垫如毡，是夏日人们躲避酷暑的圣地。

老周和我沿着峡谷的西面爬上了山坡，放眼望去，哈日图尔格河谷更是别有一番景致。在两山中间，黄绿相间的胡杨郁郁葱葱，由谷口至谷中，颜色越来越黄，层层递进，稀疏相间，好像是围在阿拉套山腰间的一条金腰带；一个个斜刺入谷的小山凹托着红黄相间的色彩，扑面而来，勾勒出油画般的线条。此时，一阵山风吹来，黄叶摇动、红叶起舞，伴着几户牧民的犬吠声，我们两个却成了这副画布上的点缀！

太阳从东面的山梁上爬了上来，一缕缕阳光洒在山坡上，一簇黄的、一簇红的、一簇绿的显得更为耀眼，看着如诗如画般的风景，我竟然忘记了按动手中相机的快门！

此时我无不感叹秋的魅力，整个山间像是七仙女一夜间织出的七色彩缎那般美丽！云也从山的后面慢慢地爬了上来，一团团的，在山风的抚摸下不停地变换着样子，一会儿是大团大团的，一会儿又变的缥缈不定，一会儿又顺着山间游走，像个顽皮的孩子。太阳照在了白桦林的上面，金黄的叶子更显得油亮了，几棵少有的红叶白桦在金色海洋间更显得妖娆妩媚。从树上摘下的几片红叶，那红中透着一丝蛋黄，还散发出一股淡淡的清香，感觉比香山的红叶还要美！

在河的东岸有一片野果林，那里色彩更丰富，不但有绿的叶、红的果，还有洁白的羊群在山坡上游动。过河是独木桥，说是独木桥，其实是一棵被洪水冲倒了的高大胡杨树。虽然不知是何时被洪水冲倒的，但它的生命依然很顽强，在树干上面枝丫上的片片黄叶，伴着哗哗的流水声在风中舞动！好像是在为哈日图热格河的歌声伴舞！树干一段漏出水面半个，一段在河水的上面悬空着。被河水溅湿了的树干很滑，我们背着设备像猴子爬树般的小心翼翼地爬过了树干，生怕一不小心掉到河里。

翻过哈日图热格河，是一片较大的原始胡杨林，这里的胡杨由于雨水充沛，个个都生的高大伟岸，最大的树身直径有一米多粗！阳光从树叶的缝隙中散落下来，撒在铺满黄叶的草滩上，像给草滩盖了一床金丝绒棉被，这些金黄的树叶是刚被风吹下来的，还没有风干，黄油油的反射着缕缕金光，让人都不舍得去践踏它！

野果林就在前面的山坡上，也不知为什么这种野果能在这片坡地上成片的生长，那些胡杨只有在山沟处和河谷才有。野果林树身不高，都是些带刺的家伙，上面紫红色的、鲜红色的、青色的挂满枝头，一串串的煞是诱人，摘一颗放到嘴里酸甜酸甜的。

在众野果树中间有一块天然的草场，足有两个足球场那么大，虽已是深秋了，但这里的草一点也没有黄的味道，毅然是那么油绿，一群洁白的山羊正这片草场上贪婪的啃食着。它们的主人是一个蒙古族老汉，脸是古铜色的，个子瘦高，怀里揣着一把赶羊的鞭，但身体看起来特别的结实。我们给他说明了我们的来意，他很高兴地跑到山坡上把散落的羊群赶了下来，按照我们的要求，一会把羊群合拢，一会把羊群散开。为了满足我们的拍摄，他还把羊赶到了胡杨林里，一阵狂拍后的我，忍不住对牧羊人竖起了大母子，连说了几声“依贺白亿日啦”（蒙语——非常感谢！）。牧人叫桑巴，已经60多岁了，他的家就在山坳的边上。

告别桑巴老人，太阳已经西下了，橘红色的残阳照在哈日图热格山谷，山谷更显的妩媚而神秘，红褐色的山体，挡住了太阳的光芒，山体幽暗而凝重。

夜色已临近，哈热图热格显得更加凝重了，仿佛它不想在冬的来临之前，退去它多姿多彩的外衣！我很庆幸在深秋时节探访了哈日图热格景区，它让我见证了自然赋予河谷胡杨和白桦林那出众的美色：黑色和白色的树干相拥，黄叶和红叶相间，挺拔向上傲然耸立，这就是哈日图热格的秋色，它会成为我在每一个深秋时节的遥想。至于哈日图热格的胡杨和白桦树是怎样由嫩绿变成青翠、由青翠走向华美可以去想象！